变废为宝，综合发展

幼儿园自制玩教具精选

BIANFEI WEIBAO ZONGHE FAZHAN
YOU'ERYUAN ZIZHI WANJIAOJU JINGXUAN

顾晓霞 常晶 /主编

北京师范大学出版集团
BEIJING NORMAL UNIVERSITY PUBLISHING GROUP
北京师范大学出版社

图书在版编目（CIP）数据

变废为宝，综合发展：幼儿园自制玩教具精选/顾晓霞，常晶主编．—北京：北京师范大学出版社，2022.6（2024.1重印）
ISBN 978-7-303-27837-4

Ⅰ.①变… Ⅱ.①顾…②常… Ⅲ.①幼儿园－自制玩具②幼儿园－自制教具 Ⅳ.①G614

中国版本图书馆 CIP 数据核字（2022）第 041599 号

图书意见反馈　gaozhifk@bnupg.com　010-58805079
营销中心电话　010-58802181　58805532
编辑部电话　010-58808898

出版发行：北京师范大学出版社　www.bnupg.com
　　　　　北京市西城区新街口外大街 12-3 号
　　　　　邮政编码：100088
印　　刷：唐山玺城印务有限公司
经　　销：全国新华书店
开　　本：787 mm×1092 mm　1/16
印　　张：9.75
字　　数：137 千字
版　　次：2022 年 6 月第 1 版
印　　次：2024 年 1 月第 2 次印刷
定　　价：49.00 元

策划编辑：罗佩珍　　　　　责任编辑：康　悦
美术编辑：焦　丽　　　　　装帧设计：焦　丽
责任校对：陈　荟　姚安峰　责任印制：马　洁

版权所有　侵权必究

反盗版、侵权举报电话：010-58800697
北京读者服务部电话：010-58808104
外埠邮购电话：010-58808083
本书如有印装质量问题，请与印制管理部联系调换。
印制管理部电话：010-58805079

序

近些年来，但凡学前教育界发生重大事件，人们都能看到《中国教育报》记者常晶的身影。她总是以新闻人特有的专业敏锐度和职业热情进行及时的报道，如《"安吉游戏"为何能走向世界》《面对"难乱贵"：流动儿童渴求不流动的幼儿园》等。

作为一名新闻记者，常晶女士不仅关注学前教育界的新闻报道，还十分关注幼儿园玩教具的制作和使用。她依托《中国教育报》这一平台策划主题，鼓励一线的幼儿教师将他们制作的玩教具向社会展示，并将这些成果辑录成册奉献给广大的一线教师，做了一件广受欢迎的大好事。拿到书稿后，看到幼儿教师们做的这么多的集思广益、充满教育智慧和教育艺术的玩教具，我被触动了。

我们知道，游戏是儿童的工作，游戏是儿童的生活。基于3～6岁儿童的特点，幼儿园的教育要以游戏为基本形式，这一理念如今已经得到广泛的认同。玩教具是游戏开展的重要物质媒介，幼儿园游戏离不开玩教具。尤其是在当前游戏成为幼儿园基本活动的前提下，儿童学习活动在很大程度上依赖于教育方法、教育手段的物化，即玩教具。游戏是使用玩教具的学习方式，玩教具是人类劳动工具的雏形。陈鹤琴先生指出，玩具有好有坏，小孩子玩的玩物是要"活"的，不是要"死"的。"所谓'活'的玩物就是变化很多的，小孩子玩了不容易生厌的；所谓'死'的玩物，就是呆板的不会变化的，小孩子一玩就生厌的。"[①]

学界将儿童的玩教具分为高结构玩教具和低结构玩教具两类。所谓高结构玩教具

---

① 《陈鹤琴全集》第二卷，577页，南京，江苏教育出版社，1989。

就是结构固定、形象逼真、机能单一的玩教具，而低结构玩教具就是儿童可以自行操作和组建的基本材料。显然，低结构玩教具就是陈鹤琴先生所说的变化很多、不容易让人生厌的"活"的玩物。当然，在幼儿园的教育实践中，玩教具功能的运用和发挥在很大程度上取决于游戏者的表征与创意，但玩教具本身的特性确实会影响玩教具的游戏性。我们注意到，市场上的玩具越来越高结构化。这些玩具样式新颖，颜色鲜艳，功能各异，易吸引儿童的注意并引起儿童的兴趣。然而这种玩具以成品的形态呈现在儿童面前，其吸引的注意和引起的兴趣是短暂的、碎片化的，对儿童专注力和思维方式的发展，对儿童创造力、动手操作能力、探索精神的开发都难有积极影响。

更让人忧虑的是，一些幼儿园将玩教具当作"固定资产"，当作展览品、装饰品或场景的布景而限制儿童的游戏，把好端端的"活"玩教具变成了"死"玩教具。还有部分幼儿园，为了招揽生源，会花重金购买豪华、大型、奢侈的设备和玩教具，营造有实力、硬件设施高档的园所印象，以期迎合家长为孩子选最好的条件的心态，进而刺激他们的消费动力。这些行为都不利于儿童的游戏，不利于儿童的学习，也不利于儿童的发展。这些表现，都是陶行知、陈鹤琴等我国现代教育先驱早期批评过的中国幼稚教育三大病，即"外国病""花钱病""富贵病"的延续和复发。陈鹤琴先生多次呼吁幼儿教育要符合国情。幼儿教育要符合国情，就必须克服这三种病。

当前我国不少地区的幼儿园仍然面临着生存压力，特别是农村地区和城乡接合部是学前教育发展的薄弱环节。我国仍处于社会主义初级阶段，所以倡导建立中国的普惠的幼儿园，是现实之选。

教师通过收集、自制幼儿学习所需要的玩教具，供幼儿自选、操作，寓学习于游戏与操作中。这样的玩教具已经不再局限于玩耍和演示的用途，而直接与幼儿的游戏行为产生密切联系，在现代幼儿园游戏中发挥着十分重要的作用。

教师常带领幼儿一起收集、自制玩教具，这些自制玩教具具有新颖性、可操作性、及时性、适宜性。对幼儿来讲，他们将获得参与制作的愉悦体验、自主的决策感受、对未知结果的期待感。材料在变成玩教具的过程中，没有固化的、必然的结果，使幼儿经历着失败与成功，感受着期待与惊喜。这一过程使得幼儿与玩教具、环境发生着联系，产生着互动。幼儿所获得的感受、能力、自信心和成就感将对其成长与发展大有裨益。

这就是"低成本"与"高质量"之间的内在关系。

中国的创造性人才的培养，应该从这里起步。

王振宇

华东师范大学教育学部教授

前言

作为一名教育领域的新闻记者，一直以来，我用文字记录教育事业的变化与发展。为什么要"不务正业"编写这样一套丛书呢？事情还要从 2017 年说起。

许多人都知道，中国学前教育发展的难点、重点在农村。然而，没有到现实场景中，我们无法深刻体会这句话背后的意义。在一次赴西部某县的采访中，我发现这里的孩子们无论上小班还是大班，使用的都是成人尺寸的旱厕。

这里的教室里几乎没有什么玩教具材料，室内空空的。一些条件较好的幼儿园的玩教具多是按成人感受统一购买的颜色艳丽的、现成的、高结构的塑料玩教具。

没有玩教具的配给，幼儿园开展以游戏为基本活动的教育就显得非常艰难。而且在一些农村幼儿园，一个班级有六七十名幼儿的大班额现象依然存在，非专业的幼儿教师也依然存在。

这次采访一直埋在我心中。

我们应该做点什么？

在一次交流中，贵州偏远山区的一位幼儿教师给我发来一段视频，视频中有一所四面环山的简陋的幼儿园，这里传出的欢声笑语回荡在山谷中。在视频的画面中，孩子们齐心协力用小手握住一根一米长的棍子，然后左右摆动，同时脚与手协调向前走。孩子们既要注意不能顺拐（否则就拖了大家的后腿），又要保证速度足够快，才能获胜。大一点的孩子，在这个基础上增加了难度——他们倒着走进行比赛。

在视频中，孩子们纵情地大笑，让我的心为之一震。他们仿佛点"醒"了沉寂在我心中的那次让我难过的采访。

学前教育投入不足、师资有限、专业性不强等难题，恐怕在短时间内难以得到全面解决，然而孩子的教育却等不及。

即使是一根简单的长棍子，在被农村幼儿园的教师拿出来变成玩教具后，也充分地发展了孩子们的协调能力、合作能力、创造能力。

无论在农村还是在城市，也许，自制玩教具是解决当前教师专业性不强、幼儿园小学化等学前教育难题的一个缓兵之策。

许多人可能不是很了解，与其他教育阶段不同的是，学前教育开展教育实践需要借助大量玩教具、材料等，让幼儿亲自动手，在玩中学，在操作中发展。因此，玩教具因其独特的价值和重要的意义，成为幼儿发展不可或缺的教育媒介。

孩子们的世界，真的不需要多么昂贵的玩教具和多么精美的材料。一些来自生活的低结构的、原始的素材，在孩子们的巧手中，就可以成为发展他们多种能力的媒介。

在报纸版面的策划工作中，我约请了国内幼儿园一线教师提供他们曾经做过的玩教具，并在报纸上进行展示。玩教具选取的原则是材料易得、制作简单、玩法多样、安全无害。没想到，在一次约稿中，投稿的竟达576人，这还是只按邮件数计算的，不算一封邮件发送10多个作品的情况。这既得益于《中国教育报》一直以来在教师心中的口碑，也得益于我们将版面给一线教师后激发的活力。

在一系列的发表过程中，这个栏目受到了读者的广泛好评。他们来电来函，既表示支持，又表达参与的热情。可是，问题来了，报纸的版面非常有限，发表出来的作品只是冰山一角，不能将玩教具的全部制作过程与玩法用法一一进行陈述。我感到辜负了这些热情的投稿教师。

在与我的同行前辈北京师范大学出版社罗佩珍老师的一次交谈中，罗老师鼓励我将这些来稿作品结集成册，同时制作成视频，通过扫描二维码的方式，把作品全方位地介绍给读者，帮助更多一线的幼儿教师，特别是农村的幼儿教师，打开他们创设玩教具的思路，节省他们制作玩教具的时间，给幼儿提供他们能够参与制作和发挥主动性的玩教具。

哪怕这套书仅仅能给幼儿教师一点启发也是有益的，于是我便开始了这套书的约稿、编辑、整理工作。在筹备这套书的过程中，我看到了全国各地幼儿教师的智慧、创意，也看到了他们对学前教育的热爱和付出。

在繁忙的工作之外，收集、整理各种不同风格的投稿，按照出版社的规范化标准做初步的统一、编辑、补写，成为一项十分艰巨的工作。例如，有些案例很好，但是写作基础薄弱，几乎需要全部推翻重写。视频的制作与剪辑，更是一件艰难的事情，因为画面需要一帧一帧地剪辑。这时我得到了许多同人和好友的帮助，特别是本书的主编之一顾晓霞老师的帮助。他们都在学前教育领域或者其他教育领域有多年工作经验。有他们的帮助，才得以让这套书有见到各位读者的机会。

书稿还得到了华东师范大学王振宇教授的亲切指导。王振宇教授长期从事儿童心理发展的教学和科研工作，对幼儿园的游戏有独到的见解。我与王教授在许多方面有学术共鸣。他对我们的工作的支持，增强了我们的信心，让我们进一步明确了努力的方向。

对于一线教师来讲，这套书只是一根拐杖。希望它能帮助一线教师转到创新利用低成本、低结构材料的道路上来，减少一线教师制作玩教具的时间投入和精力投入，使他们将更多宝贵的时间与精力投到观察、关注幼儿本身上。

也许，在将来的某一天，这套书中呈现的具体方法对于一线教师来讲已经没有什么参考价值了，但我们坚信这套书所蕴含的儿童观、教育观和符合国情的办学理念将会扎根于广大教师的教育思想及教育行为之中。彼时一定是一个学前教育获得高质量发展的好时代。

让我们共同期待这一天的到来！

常　晶

2019 年 6 月于北京

目录

第一章　纸质类 ...001
- 勇闯机关 ...001
- 百变纸箱 ...006
- 生活志 ...011
- 双龙戏珠 ...017

第二章　塑料类 ...021
- 如意管 ...021
- 百变水管 ...026
- 趣味屏风 ...029
- 趣味沙水 ...034
- 影子屋 ...039
- 有趣的迷宫 ...044

第三章　布　类 ...049
- 打地鼠三部曲 ...049
- 动物的家在哪里 ...053
- 吉祥话大富翁 ...058
- 太空趣多多 ...062
- 沂蒙小剧场 ...070
- 转转乐 ...074

目录

第四章　木质类 ...077
- 炫彩滚动 ...077
- 光影天地 ...082
- 机关球 ...087
- 空气挖掘机 ...093
- 木创乐 ...097
- 有趣的旋转 ...102

第五章　竹质类 ...106
- "筷"乐城堡 ...106
- 竹乐无穷 ...110

第六章　其他类 ...117
- 听话的乒乓球 ...117
- 电力四射 ...121
- 动力小船 ...124
- 沙漠寻宝 ...128
- 我和海绵玩游戏 ...133
- 小岗探秘——数学乐园 ...140

第一章 纸质类

勇闯机关

材料准备

"'机关'幼儿园"（图1-1）是一套结合幼儿数学学习核心经验制作的玩教具。本套玩教具主要支持幼儿模型、计数、数运算等方面核心经验的发展。游戏材料主要分为游戏底板和辅助材料两个部分。

游戏底板：蓝色硬纸板、黄色打印纸。

辅助材料：纸牌、卡纸、金币玩具、动物玩偶、彩旗、骰子等。

图1-1

制作方法

游戏底板：将黄色打印纸剪成6个熊掌形状的贴纸，并贴在蓝色硬纸板上，然后在熊掌形状的贴纸之间画上连接线，确定起点和终点位置，并用文字注明。

辅助材料：根据游戏将不同颜色的卡纸制作成不同的图形，然后准备游戏统计表、纸牌、金币玩具、动物玩偶、彩棋、骰子等。

玩具玩法

本套玩教具通过游戏底板（图1-2）为幼儿创设"走迷宫""闯关""寻宝"等游戏情境，激发幼儿利用不同的辅助材料创造多种游戏的可能性，支持幼儿的多种游戏意图。因此，它的玩法不受限制，适用于各年龄段幼儿。这里介绍的玩法仅供参考，我们更加支持幼儿按照自己的意图使用材料、创造多种玩法。

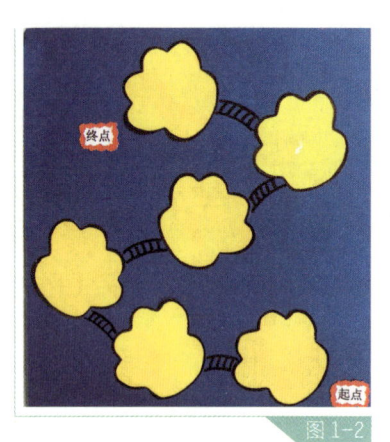

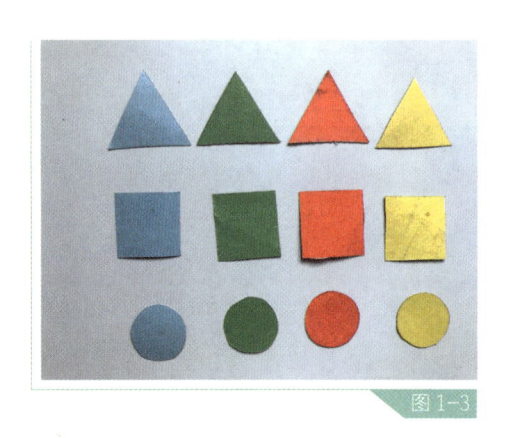

图1-2

玩法1：利用相同大小、不同颜色的三角形、正方形、圆形（图1-3），进行图形组合（图1-4）。

图1-3

图1-4

玩法2：利用各类统计表（图1-5、图1-6），统计各种图形的数量（图1-7）（统计表的设计应考虑到幼儿的前识字经验，通过颜色暗示文字意思）。

玩法3：将金币玩具（图1-8）作为游戏胜利者的奖品。

玩法4：准备纸牌（图1-9），通过抽纸牌、比较数字大小决定双方游戏的先后顺序（图1-10），也可以通过抽纸牌决定自己或对方在游戏中走多少步。

图1-5

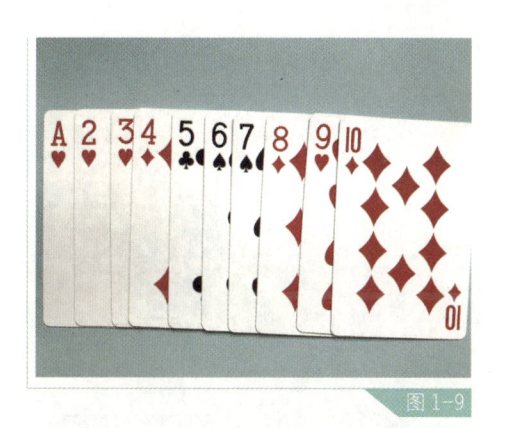

图1-6

图1-7

图1-8

图1-9

图1-10

玩法5：可以将动物玩偶（图1-11）、彩棋（图1-12）作为游戏奖品。在游戏中选择自己喜欢的角色进行角色扮演（图1-13）。

玩法6：准备标有数字的骰子若干（图1-14）、空白骰子若干（图1-15），通过掷骰子、比较数字大小决定双方游戏的先后顺序，也可以通过掷骰子决定双方在游戏中走多少步。

图 1-11

图 1-12

图 1-13

图 1-14

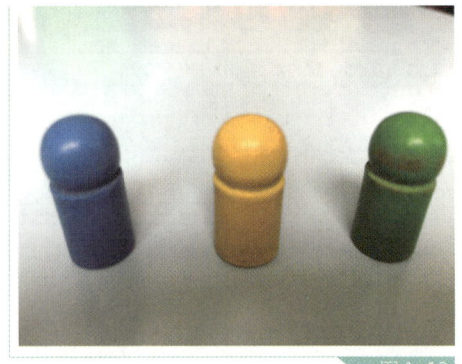

玩法 7：利用功能牌（图 1-16）增加迷宫的趣味性和难度。例如，当抽到"+4"的纸牌时，继续前进 4 步。

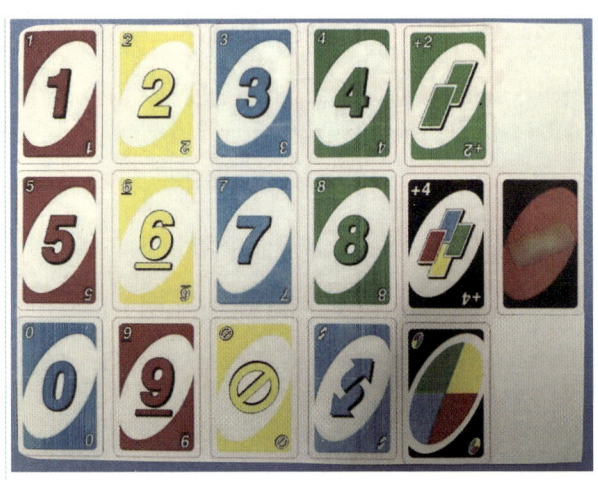

图 1-15

图 1-16

教育启示

在区角游戏中我们发现，幼儿很喜欢各类寻宝游戏，但是购买的寻宝游戏材料都是有固定游戏底板的高结构材料，这样的材料会限制幼儿创造游戏玩法的可能性。

在这样的背景下，为了充分满足幼儿的游戏愿望，我们创作了"'机关'幼儿园"玩教具。该套玩教具名字的设计一语双关：第一层意思指幼儿园的名字，第二层意思是指游戏中幼儿可以自行设计很多"状况"，同时需要仔细观察、认真思考、寻找方法、解决问题。这也是自制玩教具区别于购买的玩具的地方。自制玩教具最大的特点在于它是基于幼儿的游戏兴趣和需要制作的，而且玩法可以依据幼儿的需要创设和改变。

本套玩教具作为幼儿数学领域的学习材料，其最大的优势就是具有开放性。在制作和实践过程中，我们认为有以下两点值得思考。

一是给幼儿的游戏留白。在传统区角游戏中，我们为幼儿设计了游戏情境，如小医院、工地、恐龙乐园等，投放的材料也是与情境相关的。这会在很大程度上限制幼儿的想法。教师在游戏中应最大限度地尊重幼儿的自主性，支持幼儿根据自己的游戏意图创造游戏情境和内容，支持他们选择自己需要的游戏材料和同伴。教师需要做的是给幼儿留白，给他们自己选择和创造的机会，让幼儿玩自己喜欢的游戏。

二是给教师的创作留白。无论对幼儿还是教师，幼儿园都应"授人以渔"。本套玩教具的展示不是要求教师照搬，而是给他们提供一种既简单又有效的玩教具创作思路。玩教具的有效性体现为能满足不同年龄段、有不同兴趣的幼儿的需求，因此，玩教具的制作在于密切关注幼儿的活动，尊重幼儿的兴趣、需要，充分利用生活中的废旧材料和提供有趣、开放的玩法。

扫一扫，
看精彩视频

创作者：凌姗、庄鑫丽　作者单位：四川省成都市双流区机关幼儿园

百变纸箱

材料准备

准备多个大小不同、形状不一的废旧纸箱，并将纸箱分为主体部分和图形部分。主体部分：纸箱上有图形轮廓，但并未抠取下来。图形部分：在纸箱上画出图形，如圆形、三角形、正方形，然后将图形抠取下来。同时准备三色即时贴和一些废旧报纸。

制作方法

1. 取多个大小不同、形状不一的废旧纸箱，在纸箱上画出图形，并抠取下来。（图2-1）

2. 对纸箱主体部分和图形部分进行包装。

3. 利用报纸团多个大小不同的球。

4. 取一个小的纸箱制作骰子，取不同的图形制作跳棋图片。（图2-2）

图2-1

图2-2

玩具玩法

（一）投掷

适用于小班。教师可以根据幼儿差异设定距离的远近。

玩法：幼儿投掷用报纸团成的球，要投掷到规定的图形内。例如，要求投掷三角形时，幼儿要将球投掷到带有三角形的纸箱里。（图2-3、图2-4）对于能力强的幼儿，教师可以设定较远的距离；针对能力较弱的幼儿，教师可以设定较近的距离。教师要适时关注幼儿，根据幼儿的最近发展区适当进行距离的调整，从而发展幼儿各方面的协调能力。

图 2-3

图 2-4

对于小班幼儿，投掷可以发展身体平衡能力和协调能力，发展动作的协调性和灵活性。因此，教师要多鼓励幼儿进行投掷等活动。从科学领域中的数学认知方面来讲，这一玩法可以让幼儿感知不同形状的存在，让他们对不同的形状进行识别、归类、分析，引导他们注意发现事物的规律。

（二）图形对应

适用于小班。将抠取下来的图形部分和主体部分进行对应。

玩法：让幼儿完成图形部分和主体部分的对应，并让幼儿说出图形的名称，从而认识各种平面图形。（图2-5）

对于小班幼儿，他们通过实际操作认识了各种不同形状的图形，锻炼了手眼协调能力，发展了认知能力。通过描述物体的形状，他们还锻炼了语言表达能力和理解能力。

图 2-5

（三）按规律铺小路

适用于中班。利用抠取下来的图形部分进行规律排序。

玩法：设置游戏情境，按图形规律给房子铺小路。（图2-6、图2-7）

图 2-6

图 2-7

让幼儿在多种排序中找到排序的规律，从而对数学中的规律美有初步认识。例如，我园幼儿就发现了"△○△○△○"的排列规律，然后自觉依据这一规律排序。后来，我们增加了难度，将其变成三个元素一组的"△○□"升级版排序。

对于中班幼儿，本套玩教具可以让他们在科学领域中的数学认知方面，感知和体会如何用形状来描述事物，发现事物之间的排列规律，体会其中的排列特点。教师可以引导幼儿对物体进行观察，发现新的排列规律，如从小到大、从大到小等，帮助幼儿发展逆向思维和推理能力。

（四）冒险棋

适用于大班。取一个小的纸箱制作骰子，利用从纸箱上抠取下来的图形部分进行游戏。

玩法：这一游戏需要三名幼儿共同完成。其中一名幼儿负责投掷骰子，另两名幼儿根据骰子上的步数先后从起点出发。中间会设置可前进或后退的图片障碍，最先到达终点者获胜。结束后三人互换角色再次进行游戏。（图 2-8）

图 2-8

后来，我们把棋子与幼儿的社会经验相联系，创设了多种玩法。例如，在主题游戏"文明小乘客"中加入指示图片——排队上车、礼貌让座等前进两步，扶门把手、把手伸出窗外、不礼貌让座等后退三步。游戏既有对文明行为的倡导，又有对不文明行为的介绍，在玩中丰富幼儿的社会经验。

冒险棋对于大班幼儿数学认知的发展有一定的帮助。游戏可以帮助幼儿发现事物的排列规律，创造性地把游戏与社会经验相结合。这既丰富了游戏的内容，又增长了幼儿的社会经验。

（五）搭建

适用于各年龄段幼儿。将纸箱的主体部分作为搭建区域的辅助材料。

玩法：幼儿通过动手自由搭建，锻炼垒高、围合、穿插等建构技能，提高观察力、想象力和创造力，同时体验合作带来的成就感。（图2-9、图2-10）同时，幼儿还可以充分发挥想象力和创造力，把自己对生活的感知反映在建构的物体中，体验创造的乐趣。

图 2-9   图 2-10

• 教育启示

我们本着"废旧物品再利用、节约、环保、实用、安全"的原则，选用身边比较易得的废旧纸箱制作了本套玩教具。《3-6岁儿童学习与发展指南》（以下简称《指南》）指出不同年龄段幼儿的各方面能力存在不同的特点。因此，为幼儿提供不同种类和不同难度的游戏材料，让幼儿自己设计不同的游戏玩法，对幼儿的学习和发展有着重要的作用。同款游戏的多样玩法，激发了幼儿的探究欲望、自主性，调动了幼儿的参与性。

合作意识的渗透，贯穿于各年龄段。游戏既让幼儿体验了合作的乐趣，也提高了幼儿的合作能力和交往能力。

　　《幼儿园教育指导纲要（试行）》（以下简称《纲要》）给我们带来的启示是，游戏是幼儿生活的主要内容，是幼儿社会化的重要途径。因此，我们应把游戏和教学有机结合起来。我们的作品的创新之处在于将棋子与幼儿的社会经验相结合，创设"文明小乘客""文明礼仪""安全旅游"等主题进行创造性游戏，既丰富了游戏的内容，又增长了幼儿的社会经验。

扫一扫，
看精彩视频

创作者：王莹莹　作者单位：山东省潍坊市坊子区凤凰街道中心幼儿园

生活志

材料准备

彩色卡纸、彩色A4纸、书皮纸、瓦楞纸、塑封纸、马克笔、水彩笔、麻绳、双面胶、泡沫胶、子母扣、胶棒等。

制作方法

1.选用质地较硬的卡纸制作书的封面和内页，然后在封面上包上书皮纸进行美化。注意要隐藏书的内页上双面胶的痕迹。（图3-1）

图3-1

2.设想内页每一部分的具体内容，通过绘画或彩印的方式将需要的内容呈现出来并剪下来。注意控制绘画或彩印内容的大小，不要超出内页。部分涉及幼儿操作的图案需塑封，以加强其牢固性。

3.根据设想好的布局和操作的需要对准备好的图案进行粘贴。粘贴时注意层次性，并合理使用泡沫胶，使图案错落有致。为了使部分图案凸显出来，可以有选择地使用浅色的卡纸、彩色A4纸作为衬底。

4.针对幼儿可以操作的图案，应根据各项内容的特点选用合适的材料，尽可能使其动起来。例如，话筒用子母扣粘贴，方便取放；秋千的荡板用麻绳吊着，方便摇晃。

5.制作完成后，检查每一页内容粘贴得是否牢固。

玩具玩法

本套玩教具较为适合中、大班幼儿，其操作性强且层层递进，单人或双人均可玩。

第一步，根据自己的性别、喜好，从角色盒里选择一个人物指偶，明确自己的角色。（图3-2）

第二步，打开书，翻到第一页，看幼儿园的大门，打开看看里面有什么。幼儿可以说说每天是谁送他来幼儿园的，在幼儿园门口遇见了谁，跟谁打了招呼，做了哪些事情，等等。（图3-3、图3-4）

图3-2

图3-3

图3-4

第三步，翻到国旗这一页，看每周一举行的升旗仪式。幼儿可以选择成为观众，跟画面左侧的同伴站在一起，说说自己作为一名观众应该怎样做；幼儿可以选择成为升旗手，操作画面中的国旗，说说自己作为一名升旗手应该注意什么；幼儿可以选择成为主持人，拿起话筒主持升旗仪式，说说作为一名主持人自己需要说哪些话。

第四步，翻到下一页，开始进行集体教学活动。幼儿可以自主选择座位，坐到自己喜欢的位置上，说说自己平时参加集体教学活动时一般坐在活动室的什么位置，以及跟哪几个同伴坐在一起；幼儿可以自主选择自己喜欢的领域的集体教学活动，移动挡板，把自己喜欢的领域的内容露出来，复习已学习过的该领域的内容。（图 3-5、图 3-6）

图 3-5

图 3-6

第五步，翻到下一页，来到操场进行户外运动。幼儿可以选择独自或与同伴一起荡秋千，说说当想玩秋千的同伴太多时应该怎么办，以及自己荡不起来的时候可以怎么做等；幼儿可以选择玩篮球，将篮球取下投篮，想想篮球还可以怎么玩；幼儿可以选择骑小车，回忆并说说自己玩过哪些类型的小车。（图 3-7、图 3-8）

图 3-7

图 3-8

第六步，翻到下一页，来到空白页。幼儿可以用自己的彩笔在问号簿上将发生在自己身边的有趣的事画下来，并向同伴讲述事情发生的经过。（图 3-9、图 3-10）

图 3-9

图 3-10

第七步，翻到下一页，来到动物园。幼儿可以猜测每座房子里住着什么小动物，说说为什么会这样猜测，并打开房子验证猜测；幼儿可以回忆并说说自己跟谁一起去过动物园，什么时候去的，观赏了哪些动物，做了哪些事情等；幼儿可以跟每座房子里的小动物做游戏，去不同小动物的家里做客，想想会发生哪些有趣的事情。（图 3-11、图 3-12）

图 3-11

图 3-12

第八步，翻到下一页，有一个装着很多书的大书柜，地上也有很多书。翻开看看，原来地上的书都是大家熟悉的绘本（《好饿的毛毛虫》《树真好》《换一换》《鳄鱼怕怕 牙医怕怕》《首先有一个苹果》《猜猜我有多爱你》）。幼儿可以说说这些绘本讲的是什么故事。同时，幼儿可以讲讲哪些绘本特别好看，以及为什么喜欢它们。（图 3-13、3-14）

图 3-13

图 3-14

其他玩法：

单人游戏，可以让自己的左右手一起玩，也可以让大拇指和食指一起玩。

另有日期盒和天气盒，且每一页上都有相应的粘贴日期和天气情况的区域。幼儿可以根据自身的情况和需要，选择相应的日期和天气情况进行讲述。（图3-15、图3-16）

图 3-15

图 3-16

教育启示

观察幼儿园的区域活动，我们不难发现，相比其他活动区域，语言区有时会受到"冷落"。没有教师的持续引导，幼儿很难在语言方面的学习游戏中长时间集中注意力。制作"生活志"正是教师为改变这一现状而做出的一种努力和尝试。这是一本寓语言于游戏的适合中、大班幼儿阅读、操作的"书"。它是幼儿喜闻乐见的"绘本"，内容紧紧围绕他们的日常生活，可以通过情境化的角色游戏，提高幼儿想象、讲述、创编故事的能力，并引导其回忆生活中的点滴小事，感受生活的美好。

"生活志"最大的特点是其中的所有场景、人物、动物等都是可以活动的，均可以供幼儿操作以展开角色游戏，只不过它要求幼儿在游戏的过程中学习按一定规律进行事件的描述、故事的创编等。例如，周几，天气如何，谁在做什么。其中的内容既有幼儿看图想象的部分（入园、升旗、集体教学、户外运动、参观动物园、亲子阅读的场景），也有幼儿自己创编的部分（自主绘画的区域），让幼儿在看看、想想、说说、动动中，既能提高语言表达能力，又能深入感受生活的美好。

需要强调的是，"生活志"作用的充分发挥，离不开教师适当的介入和指导。教师适时以参与者的身份和幼儿共同讲述、创编故事，不仅能够激励幼儿，还能为其发散思维、规范讲述等做良好的示范。此外，针对不同年龄段的幼儿，具体要求应有所不同：针对中班幼儿，要求其能以类似"周一（二、三、四、五、六、日），天气……我在……做了……"的格式讲一段话，对画面的讲述可以没有连续性；针对大班幼儿，要求其能在中班的基础上以类似"周一（二、三、四、五、六、日），天气……我在……做了……"的句式开头，独自或与同伴一起开展角色游戏，做到讲述、创编各画面时内容较为全面，语言较为连贯，体现整体性。

此外，制作书本身就具有相当的审美和操作价值，对幼儿审美和操作能力的提高也有着潜移默化的作用。

扫一扫，
看精彩视频

创作者：王琼　作者单位：浙江省宁波市东钱湖镇东湖观邸幼儿园

双龙戏珠

材料准备

主要材料：红色系、蓝色系两条龙。

辅助材料：不织布、瓦楞纸、木棒、玻璃珠、泡沫球、光面纸、卡纸等。

制作方法

1. 用废旧纸盒剪出三个圆形和三个六边形，然后在圆形中间挖一个小洞，再用纸盒剪出宽纸条将所有部分围起来，最后利用长方形的纸盒将这几个部分连接起来，形成龙的骨架。

2. 用纸卷出龙头的形状，并进行装饰，然后装在第一节龙身的最顶端，形成龙头。（图 4-1）

图 4-1

3. 用卡纸剪出大小一致的圆形贴在所有纸板的外边，形成龙鳞。（图 4-2）

4. 用卡纸做出龙尾的造型，并将最后一节龙身装饰成龙尾。（图 4-3）

图 4-2

图 4-3

玩具玩法

（一）小班

游戏名称：双珠竞技。（图4-4）

游戏玩法：幼儿将两个材质相同的龙珠（用玻璃珠或泡沫球代替）同时放到两条高低不同的红蓝色龙身上，观察、比较两个龙珠滚落的速度，并记录在表中。

习得经验：知道坡度的不同会影响龙珠的滚落速度；进行初步的观察记录，养成良好的观察记录习惯。

（二）中班

游戏名称：虎斗龙争。（图4-5）

游戏玩法：幼儿选择大小不一或重量不同的龙珠，然后将其同时投放在同一条龙身上，观察不同龙珠在同一跑道上滚落速度的不同。

习得经验：知道大小不同、重量不同的龙珠在相同坡度的跑道上滚落的速度不同。

图4-4

图4-5

（三）大班

玩法1：

游戏名称：来龙去脉。（图4-6）

游戏玩法：幼儿用材料自主拼搭龙身，拼搭完成后将龙珠从龙头处投入。如果龙珠能顺利从龙头滚落到龙尾，则拼搭成功；如

图4-6

果龙珠不能从龙头滚落到龙尾，则拼搭失败。幼儿自主检查，调整拼搭方法，直到龙珠能顺利地从龙头滚到龙尾。

玩法2：

游戏名称：龙潭虎穴。（图4-7）

游戏玩法：幼儿将粗细不一的木棒插在龙身上设置障碍，然后从龙头处投放龙珠。龙珠滚落时遇到障碍会改变运动轨迹。幼儿可在记录表上猜测龙珠的滚动轨迹并验证。

玩法3：

游戏名称：珠联璧合。（图4-8）

游戏玩法：提供粗糙、光滑等不同质感的材料，如不织布、光面纸或瓦楞纸等。幼儿用粗糙的材料铺设红色龙身里的坡面，用光滑的材料铺设蓝色龙身里的坡面。然后幼儿将两个材质相同的龙珠同时投放到双龙中，观察、记录龙珠在不同材质的坡面上滚落的速度。

习得经验：幼儿提升了探索科学现象的兴趣，发展了发散性思维，并在主动探究、动手操作中培养了发现问题、解决问题的能力及科学素养。

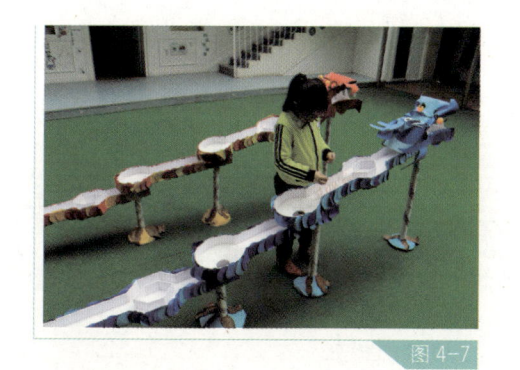

图4-7

图4-8

● 教育启示

本套玩教具属于科学类玩教具，在遵循幼儿教育规律的基础上，注重幼儿乐学、会学的教育价值。在制作的过程中，我们始终秉承"适合幼儿的才是最好的"原则。为了激发幼儿自己探索、操作，我们根据每个年龄段幼儿的特点，制作了相应的记录表，让幼儿通过观察、操作自主获得丰富的感性经验。在设计思路上，我们充分体现了玩教具的多功能性、一物多玩，让幼儿感受动手操作的乐趣，促进幼儿的全面发展。

除了在日常教学活动中使用，我们还将"双龙戏珠"投入小、中、大班的区域活动中，让幼儿在操作中发现问题，在操作中寻求答案。例如，小班幼儿在操作过程中能观察到物体的重力，中班幼儿能在与材料的相互作用中了解自然现象，这种相互作用的过程就是幼儿积极学习科学知识的过程。在大班的区域活动中，幼儿能按照自己不同的兴趣自由选择坡面材料，如瓦楞纸、光面纸等。幼儿按照自己对材料的理解，结合自己的认知特点和能力水平，以各自不同的方法与材料相互作用，不断调整和深化认识。

操作是幼儿主动学习的重要方式。"双龙戏珠"科学玩教具最大的亮点就是让幼儿在触摸、摆弄材料的过程中，在一次次尝试错误与体验成功的过程中提升动手操作能力。自主实践和动手操作，既能满足幼儿的好奇心，又能激发幼儿探索的积极性，培养幼儿的自信心。

扫一扫，
看精彩视频

创作者：袁丽娟、宗莹莹、覃业兴　　作者单位：湖北省武汉市洪山区街道口幼儿园

第二章 塑料类

如意管

材料准备

生活中常见的各种 PVC 管；口径不一的 PVC 接口，如三通、四通、拐角等；陈放材料用的盒子、箱子。（图 5-1）

制作方法

1. 将收集来的不同尺寸的 PVC 管洗净、磨边。（图 5-2）
2. 将收集来的 PVC 接口洗净并分类陈放到不同的盒子里，再给盒子做好标识，便于幼儿收纳与整理。（图 5-3）

图 5-1

图 5-2

图 5-3

玩具玩法

如意管具有低结构、可操作、可重复利用的特点，所以在小、中、大班幼儿的主题活动、区域活动和生活活动中都可以应用。这里介绍以下几种玩法。

（一）主题式创意建构

在小班数学活动"感知长短"中，幼儿可以充分利用如意管的直线特性进行比较。（图 5-4）

在中班美术活动"趣味装饰管"中，幼儿可以利用如意管的单一底色进行立体美术绘画。（图 5-5、图 5-6）

图 5-4

图 5-5

图 5-6

在大班建构活动"生活用品创意拼搭"中，幼儿可以调动桌面玩具的拼搭经验，将如意管排列、组合成适合在生活中应用的物品。幼儿在操作的过程中可以不断发展动手能力和空间推理能力等。（图 5-7）

在中班体育活动中，幼儿可以根据如意管的特点创设"赶小猪"（图 5-8、图 5-9、图 5-10）和"风火轮"（图 5-11、图 5-12）等玩法。

图 5-7

图 5-8

图 5-9

图 5-10

图 5-11

图 5-12

（二）区域日常式创意建构

在区域活动和日常活动中，幼儿可以根据活动对环境的需要拼搭出不同物件。如在大班角色扮演主题游戏"买卖小高手"中，幼儿根据游戏需要在区域中用如意管搭建购物车、储货架等。（图5-13、图5-14）

在主题活动结束后，幼儿可以留用搭建的物品，也可以将其拆开放置在收纳盒中循环使用。这类拼搭物品实用、方便，也可以用于幼儿园的一日生活。

图5-13

图5-14

教育启示

游戏作为幼儿园最基本的活动，贯穿于幼儿的一日生活，是幼儿最喜欢的活动。游戏材料作为游戏的"灵魂"，不仅能激发幼儿的游戏兴趣，还能开拓幼儿的思维，激发幼儿的创造性。幼儿园要为幼儿提供丰富的、可操作的材料，促进幼儿利用身边的物品和材料开展活动，引导幼儿运用多种感官参与环境创设。结合玩教具如意管的设计和实践，我们认为教师在创作玩教具时可以参考如下教育原则。

一是玩教具要具有高度的可操作性。我们将生活中常见的材料PVC管和各类接头作为主材料，充分利用PVC管的互通功能和接头的转换功能，引导幼儿根据自身和环境的需要，将材料拼接、搭建成符合自己需要的物品。不同年龄段、不同能力的幼儿，都可以利用材料进行自主建构。小小的PVC管在不同的领域中发挥出大大的功能。

二是玩教具要具有多功能性。我们秉承一物多玩的原则，选用各类大小不同、口径不一的接口，并将不同粗细的 PVC 管切成长短不一的游戏材料，以支持幼儿的游戏行为。例如在美工区，幼儿可以利用如意管进行自由绘画、环境装饰；在建构区，幼儿可以充分发挥想象，创意拼搭出供欣赏或游戏的作品，将传统的桌面拼搭经验变得更加立体、可触，让自己搭建的作品变得有用和有趣；在角色区，幼儿可以根据游戏需要制作出所需的游戏物品或规划空间。在同一领域中也可以发挥玩教具的多功能性。例如，在中班数学活动中为引导幼儿了解长短、高矮、粗细等方面量的关系，我们可以分别进行"管管比长短""高矮大比拼""管管谁最胖"等游戏。以幼儿的能力发展水平和游戏进展情况为基础，我们逐步增加管的数量，引导幼儿在与材料互动的过程中获得发展。

三是玩教具要具有多变性。如意管的材料简单易得、安全、可重复利用，这大大增强了它的实用性。幼儿在操作的过程中，可根据自己的能力发展水平和游戏进展情况进行调整。例如，在运动区利用如意管拼搭跨栏时，不同年龄和发展水平的幼儿可以根据自己的身高、跨跳能力等适当地调整材料的高度，从而增强体验感和成就感。

多变的如意管作为幼儿探索游戏材料的一个切入点，引导幼儿从一个被动的游戏者，变为自己游戏材料的设计者、体验者；把游戏的自主权充分还给幼儿，鼓励幼儿善于发现生活中一些物品的游戏价值并主动赋予这些物品游戏的意义，从而让每一个幼儿都爱玩、会玩，在玩中学，在玩中自我建构！

扫一扫，
看精彩视频

创作者：裴珊珊　作者单位：湖南省长沙市教育局幼儿园

百变水管

材料准备

外径分别为 32 mm、75 mm 的 PVC 管，外径分别为 75 mm、90 mm 的 PVC 管切面，外径为 25 mm 的透明水管，水管弯头，立体三通、四通、五通，开关阀门，热熔胶等。

制作方法

1. 用水管钳把外径为 32 mm 的 PVC 管截成长 30 cm、40 cm、100 cm 的若干水管，用内径为 32 mm 的弯头和立体三通、四通、五通把水管组装成 3 个 1 m 左右高的架子。把长短、宽窄不同的 PVC 管切面斜放到架子上。加上树叶、小球、塑料瓶、自制水车等辅助材料，就可以进行趣味玩水游戏了。

2. 用内径为 25 mm 的弯头和立体三通把截好的透明水管组合起来，加上开关阀门，即可以控制水的流向。将立体三通留两个入口，可以供两名幼儿从两边同时将水灌入水管。在一个出口处用热熔胶固定一些吸管，可以制造喷泉。（图 6-1）

图 6-1

玩具玩法

水管运球：几名幼儿利用水管切面合作运球。幼儿在一次次的尝试中探索出了水具有流动性的特点，且水的流动能带动球的运动。运球的过程，可以发展幼儿的合作能力和协调性。（图 6-2）

水上滑梯：幼儿在架子上自由摆放水管切面，并就地取材，捡来树叶当小船，让

小球、塑料瓶坐滑梯,丰富游戏情境。他们体验到了玩水的乐趣,也探索出了水从高处往低处流动的特性。(图6-3)

图6-2

图6-3

水车转转:加入自制水车,两组幼儿进行比赛。这种玩法可以增强幼儿的竞争意识和合作意识。他们会在游戏中探索让水车转动得更快的方法,摸索物体运动的规律。(图6-4)

可控的水:幼儿相互合作,通过开关阀门控制水的流向,并加入气球、喷泉、水车等丰富游戏情境。幼儿在设置和开关阀门的过程中逐渐了解如何通过外力作用来控制水的流向。(图6-5)

图6-4

彩色的水:两名幼儿同时加入不同颜色的水,发现两种颜色的水相遇后,水管中的水就变成了另一种颜色。此探索游戏让幼儿更直观地观察到了水的流动性,同时让幼儿直接了解了水的溶解性。(图6-6)

图6-5

图6-6

教育启示

《指南》指出，教师应充分尊重和保护幼儿的好奇心和学习兴趣，帮助幼儿逐步形成积极主动、认真专注、勇于探索和尝试、乐于想象和创造的精神。爱玩水是幼儿的天性。为了顺应这种天性，我们利用各种PVC管和透明水管制作了这一套户外玩水的玩教具。

幼儿的科学学习是在探究具体事物和解决实际问题中进行的，这一过程也是幼儿尝试发现事物间的区别与联系的过程。其核心是让幼儿形成探究兴趣，体验探究过程，发展初步的探究能力。通过对"水管运球""水上滑梯"的多次探索，幼儿发现了水具有流动性的特点，知道了水是自高处向低处流的；"水车转转"中水车转的速度跟水流的速度、水管切面的倾斜度、水量都有关系；"可控的水"让幼儿知道了大气压的存在；"彩色的水"让幼儿初步了解了水的溶解性。

这套户外玩水的玩教具，让幼儿的科学探索从室内的科学小区角走向室外的大世界。幼儿在快乐游戏中释放天性，在亲身体验、实际操作中通过感知、探究、合作获得科学知识和经验。

扫一扫，
看精彩视频

创作者：李倩　作者单位：安徽省合肥市滨湖晨星幼儿园

趣味屏风

材料准备

主要材料：PVC管、两通接头、宽松紧带、子母扣、废旧窗帘布。

辅助材料：皮球、毛线、沙包、丝带等。

制作方法

1. 我们幼儿园装修时剩下的PVC管，被幼儿当作玩具来玩。于是，我们和幼儿把4根长60 cm的PVC管用两通接头连接起来，加工制作成正方形水管架，作为屏风的框架。（图7-1）

2. 在布的四角缝上子母扣和宽松紧带，然后把布与正方形水管架连接在一起，这样屏风就制成了。（图7-2）

图7-1

图7-2

3. 在宽松紧带两端缝上子母扣，用宽松紧带把正方形水管架依次连接起来。（图7-3、图7-4）

图 7-3

图 7-4

玩具玩法

（一）室内游戏

屏风：区角游戏时，屏风可以作为两个区域之间的隔断。（图 7-5）

作品展示区：可以在屏风的两侧展示幼儿的作品。（图 7-6）

操作台：屏风可以作为操作台，供幼儿在屏风的两侧进行手工操作，如编辫子、扣纽扣、系鞋带、拉拉链、做友谊链等，发展幼儿的动手能力。（图 7-7、图 7-8）

图 7-5

图 7-6

图 7-7

图 7-8

（二）户外游戏

组成屏风的 4 根 PVC 管可拆卸，可以作为幼儿进行户外游戏的材料。幼儿可以进行一物多玩，根据钻、跳、爬等活动，适当增加游戏材料，如皮球、毛线、沙包等，这样可以使游戏内容更丰富。

网小鱼：幼儿把正方形水管架当成渔网，和同伴一起玩网小鱼的游戏。游戏进行两至三轮后，幼儿互换角色。（图 7-9）

钻山洞、过小桥：幼儿把正方形水管架变成山洞，然后钻山洞、过小桥。游戏进行两至三轮后，幼儿互换角色。（图 7-10）

开汽车：幼儿把正方形水管架变成汽车，和同伴一起开汽车。这一游戏可以向幼儿传递"红灯停，绿灯行，黄灯亮了等一等"的交通规则。游戏进行两至三轮后，幼儿互换角色。（图 7-11）

投篮：幼儿把正方形水管架变成球篮，和同伴比赛投篮，看谁投得多、投得快。游戏进行两至三轮后，幼儿互换角色。（图 7-12）

图 7-9

图 7-10

图 7-11

图 7-12

小乌龟运粮：幼儿扮成小乌龟通过爬山洞、绕障碍，把粮食运回家。游戏进行两至三轮后，幼儿互换角色。（图7-13）

跳格子：幼儿把正方形水管架摆放在地上，和同伴一起跳格子。（图7-14）

运球忙：幼儿用子母扣把布与正方形水管架连接在一起，做成运球的工具，然后两两结对绕障碍运球。（图7-15）

颠球：幼儿两人一组，合作把正方形水管架上的皮球弹起来，看一看哪一组弹得又高又多。（图7-16）

图7-13

图7-14

图7-15

图7-16

教育启示

幼儿园经常开展区角游戏。为了使各个区域不相互干扰，我们和幼儿一起设计并自制了屏风。屏风的两侧可以再利用，比如粘贴幼儿的美术作品，既具有功能性又具有教育意义。屏风还可以作为幼儿开展区角游戏的操作台。我们可以在屏风的两侧投放低结构、具有操作性的材料，供幼儿动手操作，发展幼儿的动手能力。此外，幼儿还可以把组成屏风的PVC管拆卸下来进行户外游戏。在游戏中，幼儿练习走、跑、跳、投、钻、爬等方面的动作，既发展了身体的灵活性和协调性，又提升了合作与交往能力。通过一物多玩，本套玩教具激发了幼儿的探索欲望，既锻炼了幼儿的身体，又发展了幼儿的动手能力，是集趣味性和功能性为一体的玩教具。

扫一扫，看精彩视频

创作者：胡名　作者单位：安徽省阜阳市颍州区教育局教研室

祝敏、高妮　作者单位：安徽省阜阳市阜纺幼儿园

趣味沙水

材料准备

1. 粗细不同的PVC管，小弯头（90°弯头、等径三通、直通），大弯头（45°弯头、90°弯头）。

2. 磨光机、钻孔器。

3. 大盆、网格展板、扎带、水管开关阀门、塑料软管、矿泉水瓶、模具、扭扭棒、塑料筐、绿色即时贴、假树叶、胶水、防撞角。

制作方法

为保证安全性，我们用磨光机把PVC管打磨得比较光滑，这可以有效避免划伤或割伤幼儿的情况发生。玩教具的具体制作方法如下。

沙水台：将PVC管切割成需要的长度，用22个等径三通（其中两个三通弯头需钻孔以便安装矿泉水瓶）、14个90°弯头进行组合。除沙水操作区不用胶水固定外，其余地方都用胶水固定。将绿色即时贴剪成长条作为装饰，最后将大盆放于操作台上。（图8-1）

立体展板：用不锈钢及铁架制作一块展板，再用绿色即时贴长条进行装饰，并将防撞角固定于展板上方两角处。取粗PVC管对半切割成两段，并在3根PVC管的管壁一侧用钻孔机打若干孔。在长度一致的两根细PVC管的管壁上方一侧钻一个孔。取一长一短PVC管，将其和一个开关阀门拼接在一起。将PVC管切割成6个小方片并制作成水车，然后将塑料软管、矿泉水瓶用扎带固定在立体展板上。（图8-2）

拼接水管：将粗PVC管打若干孔，使孔的直径与细PVC管的外径一致，然后取若干细PVC管。这里有两种方法：方法一是将5根细PVC管的一头用磨光机削去一部分，然后将细PVC管斜插入粗PVC管（图8-3），从粗PVC管注水；方法二是在5

图 8-1

图 8-2

根细 PVC 管管壁处打若干孔，然后将细 PVC 管直插入粗 PVC 管，在细 PVC 管一头连接 90°弯头并放入矿泉水瓶，从矿泉水瓶注水（图 8-4）。

拼接沙管：将粗 PVC 管打若干孔，使孔的直径与细 PVC 管的外径一致，并在粗 PVC 管底部管壁上打两圈孔。取 8 根细 PVC 管，将细 PVC 管的一头用磨光机削去一部分，然后将细 PVC 管斜插入粗 PVC 管（图 8-5），从粗 PVC 管注沙。

图 8-3

图 8-4

图 8-5

支架管建构组合：将细 PVC 管切割成若干小段，用两个等径三通连接。将 3 根切割好的细 PVC 管用两个等径三通连接，以此类推，连接成楼梯状。提供对半切割好的粗 PVC 管及弯头若干，供幼儿进行搭建探索。（图 8-6、图 8-7）

为激发幼儿进行科学探索，我们还准备了如下辅助材料：长短不一的剖面直管、支架管、隧道直管，小弯头（90°弯头、等径三通、直通），大小不一的漏斗，玩沙直管，多孔直管，大弯头（45°弯头、90°弯头），沙铲，玩水直管，沙筛，水枪，水罐，模具，小管，开关，水舀，短管，扭扭棒。（图8-8）

图8-6

图8-7

图8-8

玩具玩法

我们制作了5组装置供幼儿进行探索游戏，希望幼儿能充分挖掘沙水的游戏潜能。

沙水台：打破传统的地面式游戏，让幼儿在沙水台中通过组装辅助材料，探索沙水的流动性。

立体展板：该展板主要供幼儿探索水流快慢对水车转动速度的影响。幼儿还可以选择不同的材料，探索更多的玩法。针对不同年龄段幼儿的探索游戏参考图：图8-9、图8-10、图8-11、图8-12、图8-13、图8-14。

拼接水管：幼儿选择玩水直管、弯头插入多孔管道，探索管道倾斜度与分支注水或从主管道注水时水流的快慢。

拼接沙管：幼儿选择玩沙直管插入多孔管道，探索干沙和湿沙的异同及其阻力的大小。

支架管建构组合：幼儿通过探索，自行调整支架管的高度、设计轨道，从而使沙水能顺利流动。

图 8-9

图 8-10

图 8-11

图 8-12

图 8-13

图 8-14

教育启示

"趣味沙水"的取材来源于生活中常见的且成本较低的PVC管。PVC管有着较高的硬度，同时也有较好的环保性能。将其切割和打磨后，即使多次用于玩沙、玩水也不易损坏，可以反复使用。PVC管的管壁光滑，对流体的阻力很小，很适合玩水。

《指南》指出，幼儿的科学学习是在探究具体事物和解决实际问题中进行的，是幼儿尝试发现事物间的异同和联系的过程。沙水游戏看似是简单的玩沙、玩水的游戏，但却是幼儿非常喜爱的活动。富有流动性的沙与水既能带给幼儿非凡的感官体验，又能让幼儿在玩耍中发现与探索科学知识。

　　这套玩教具对不同年龄段的幼儿来讲，其难易程度不同。"沙水台""拼接水管"难度较低，能满足幼儿探索沙水的流动性的兴趣；"立体展板"可供幼儿探索水流快慢对水车转动速度的影响；"拼接沙管"可供幼儿探索干沙和湿沙的异同及其阻力的大小；"支架管建构组合"难度较大，适合幼儿合作探索、分享交流、创造玩法。在沙水建构游戏中，幼儿可以充分运用自己的感知觉来感受沙子和水的物理特性，了解沙子和水混合以后的状态，使自身的动手能力和合作能力得到很好的发展。

　　《指南》指出，教师应支持和鼓励幼儿在探究过程中积极动手动脑寻找答案和解决问题。在"趣味沙水"探索游戏中，教师为幼儿提供了充足的游戏材料。幼儿自主寻找合作伙伴，协商探索内容。针对不同年龄段幼儿在沙水游戏中的表现，教师通过拍照、摄像记录下来，并与幼儿探讨、分享、交流，使幼儿真正成为游戏的主人，使自己成为真正的观察者、支持者和引导者。

扫一扫，
看精彩视频

创作者：刘芳、宋艳华、肖君　作者单位：江西省吉安市吉安县保育院

影子屋

材料准备

PVC 管、KT 板（一种由聚苯乙烯颗粒经过发泡生成板芯并经过表面覆膜压合而成的材料）、轻泥、卡纸、丙烯颜料、粘胶纸、粘胶等。

制作方法

1. 将圆口直径为 11 cm 的 PVC 管锯成长 120 cm 的管。（图 9-1）
2. 将 KT 板按 80 cm×100 cm 的大小裁切好。（图 9-2）
3. 按 KT 板的尺寸，将 PVC 管以十字形掏槽，作为 KT 板拼接口。（图 9-3）

图 9-1

图 9-2

图 9-3

4. 将掏槽后的PVC管和裁割好的KT板拼接好。（图9-4）

5. 幼儿合作用各色轻泥在黑色卡纸上制作各种动物、人物等形象。（图9-5）

6. 将制作好的形象剪下来后，用胶将其粘贴在KT板（外墙）上。（图9-6）

7. 勾画一些简单的影子、花草等装饰外墙。（图9-7）

图9-4

图9-5

图9-6

图9-7

8. 幼儿根据自己的喜好和教师一起设计内墙的影子造型。（图9-8、图9-9）

9. 根据幼儿的影子造型进行雕刻。（图9-10、图9-11、图9-12）

10. 将制作好的外墙、内墙等用PVC管拼搭在一起就变成了影子屋。（图9-13、图9-14）

图 9-8

图 9-9

图 9-10

图 9-11

图 9-12

图 9-13

图 9-14

玩具玩法

（一）运动类游戏：影子闯关

影子是根据幼儿摆出的不同姿势进行雕刻的，影子屋里有不同的幼儿造型。影子闯关的游戏要求幼儿在通过每一间 KT 板小屋时都做出和 KT 板造型一致的动作，逐一通关后才能到达终点。

影子屋适合小、中、大各年龄班的幼儿使用。教师在游戏活动中设置了让幼儿闯关的游戏。幼儿对影子屋非常感兴趣。看到影子墙，有的幼儿认为墙上的影子是山洞，有的认为是优美的舞姿，有的认为是动物的影子等。幼儿充分地发挥了自己的想象力，并在教师的引导下开始闯关。在每一个关卡处，幼儿都积极地动手、动脑想办法，用自己的方式闯关。有的幼儿一开始很难通过影子墙，但他们通过一次次尝试与探索，逐渐找到了通过影子墙的最佳办法，那就是肢体动作要和影子墙上的影子一样。一关一关地过，幼儿最终走到出口，闯关成功。游戏不仅能让幼儿进行体能锻炼，还能让幼儿学会思考，提升解决问题的能力。

（二）结构类游戏：自由拼搭

用 PVC 管和 KT 板进行拼搭游戏时，不同年龄段的幼儿可进行不同层次的提升活动。小班幼儿可在教师的帮助下完成两两拼搭游戏；中班幼儿可在与同伴合作的基础上拼搭出自己喜欢的物体，如长廊、小屋等；大班幼儿可在与同伴的合作中不断创新，拼搭出不同的物体。

（三）智力类游戏：走迷宫

在拼搭的基础上，幼儿可以进行走迷宫等各类智力游戏。小班幼儿玩的迷宫可以是单层的。随着幼儿年龄的增长，游戏的难度可以逐渐加大，不仅让幼儿学会与同伴合作，还可以提升幼儿思考问题以及解决问题的能力。

教育启示

在玩影子屋的过程中，幼儿只有开动脑筋、手脚协调地做出和影子相同的动作才能通过影子墙。每一面墙和每一间屋子的影子都不同，因此每通过一间屋子，幼儿都要接受不同的挑战。幼儿在不断挑战中感受影子屋的奇妙，发展身体协调能力以及解决问题的能力。

　　此玩教具玩法多样，趣味性、操作性、可变性强。它的外形由一间间的小屋构成，屋子可大可小、可多可少，适用于小、中、大班各个年龄段的幼儿。除了可以玩影子屋，幼儿还可以以"屋"为基点开展各类游戏活动，如捉迷藏等。初期以影子墙为主，后期教师可增加难度，设置各间屋子的关卡，比如让幼儿破译密码，融入科学领域内容等。在教育教学活动中，教师可以根据各年龄段幼儿的兴趣、特点和需要，设置适宜的游戏玩法，让幼儿在游戏中多角度、全方位、积极主动地学习与发展。

扫一扫，
看精彩视频

创作者：江华、罗春燕、侯彦萍　　作者单位：四川省成都市第十五幼儿园

有趣的迷宫

材料准备

请幼儿设计出自己喜欢的迷宫路线图。（图10-1）

制作小型迷宫需要用型号为PVC 20（直径为20 mm）的水管，并将其截成10 cm、20 cm、30 cm、40 cm等不同长度的水管，还需要PVC 20水管的三通、直通、弯头。

户外迷宫需要将型号为PVC 40（直径为40 mm）的水管截成35 cm、75 cm、1.5 m、2.25 m、3 m等不同长度的水管，还需要PVC 40水管的三通、直通、弯头。（图10-2）

图10-1

图10-2

制作方法

幼儿按照迷宫路线图，利用长短不一的水管摆出平面迷宫，利用三通、直通、弯头固定平面迷宫，并给平面迷宫安装腿，最后呈现立体的迷宫。

具体步骤：

1.用型号为PVC 20的水管，选择10 cm、20 cm、30 cm、40 cm不同的长度，按迷宫路线图摆出平面迷宫，用三通、直通、弯头固定平面迷宫。（图10-3）

2.将长度为10 cm的PVC 20水管和三通连接做迷宫的腿，将其安装在预留的三

通接头上支撑起迷宫,形成立体迷宫。(图 10-4)

3. 用型号为 PVC 40 的水管,选择 75 cm、1.5 m、2.25 m、3 m 等不同的长度,按迷宫路线图摆出平面迷宫,用三通、直通、弯头固定平面迷宫。(图 10-5)

4. 将长度为 35 cm 的 PVC 40 水管和三通连接做迷宫的腿,将其安装在预留的三通接头上支撑起迷宫,建构大型立体迷宫。(图 10-6)

图 10-3
图 10-4 
图 10-5 
图 10-6 

玩具玩法

(一)建构小型迷宫

建构平面迷宫:幼儿按照迷宫路线图,用不同长度的水管由四边向中间依次摆出迷宫,路线分岔处用直通和三通连接,直角拐弯处用弯头连接(水管连接处多使用三通接头,为安装立体迷宫的腿预留足够接头),最后固定平面迷宫。(图 10-7、图 10-8、图 10-9、图 10-10)

建构立体迷宫:用三通和长度为 10 cm 的水管连接成"┻"字形支架,将其安装在平面迷宫预留接头处。遇到迷宫支架不稳时,可以增加支架,最后固定立体迷宫。(图 10-11、图 10-12、图 10-13、图 10-14)

图 10-7

图 10-8

图 10-9

图 10-10

图 10-11

图 10-12

图 10-13

图 10-14

建构大型户外迷宫：选用 PVC 40 水管进行建构，具体方法同立体迷宫。（图 10-15、图 10-16）

图 10-15 　　　　　　　　　　　　　　　图 10-16

（二）益智游戏走迷宫

幼儿从迷宫入口走向出口，遇到岔路口选路线，遇到死胡同后再回岔路口换条路线走，直到走到出口。幼儿还可以进行反向游戏，即从出口走向进口。（图 10-17、图 10-18）

图 10-17 　　　　　　　　　　　　　　　图 10-18

教育启示

迷宫以其复杂的通道和富有挑战性的情境任务吸引着幼儿，能满足幼儿好玩、好探究的心理需求。探索迷宫的过程是幼儿积极主动的思维过程。在传统平面迷宫以及预设好玩法、规则的迷宫不能满足幼儿探究迷宫的欲望时，我们生成了建构迷宫游戏。

建构类玩教具"有趣的迷宫"能充分调动幼儿活动的主动性，发展幼儿的动手能力，培养幼儿的合作意识和交流能力。迷宫游戏不仅促进了幼儿观察力、逻辑思维和创造力的发展，还有效增强了幼儿的有意注意和空间智能，帮助幼儿学会整体观察、全方位思考。在建构迷宫的过程中，幼儿能主动寻求解决问题的方法和策略，树立了自信心和成就感。反向游戏可以有效地培养幼儿的逆向思维，巩固所学知识。

用PVC管建构的迷宫，容易组装、拆卸，可循环利用，并且安全、卫生、易消毒。迷宫的大小和路线可以不断更新，玩法灵活，涉及领域广，适用于各年龄段幼儿。

扫一扫，
看精彩视频

创作者：吴丽丽　作者单位：安徽省蚌埠市固镇县唐南中心幼儿园

第三章 布 类

打地鼠三部曲

材料准备

自制地鼠洞，自制大、小锤子，自制大、小地鼠头箍，沙包，圈，纸杯。欢快的音乐。

制作方法

地鼠的家：用废旧的彩色布拼接成一个大大的长方形，在上面裁出大小一致的洞，作为地鼠的家。（图11-1）

锤子、头箍：将几根彩色扭扭棒合在一起做成头箍，将毛球和之前剪下的边角布料粘在上面变成地鼠的耳朵，也可对幼儿自带的头箍进行装饰。（图11-2）

锤子由快递盒里的充气袋做成，再用之前的边角布料进行装饰，有大小之分。

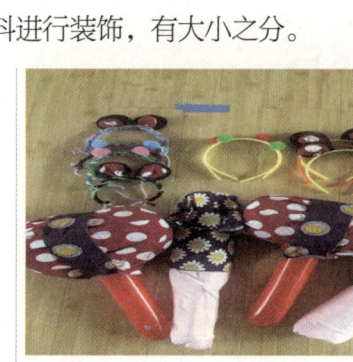

图11-1

图11-2

玩具玩法

（一）打地鼠（适合小班幼儿）

游戏中，幼儿分组扮演地鼠和打地鼠者。伴随欢快的音乐，地鼠自由起立、蹲下，同时打地鼠者巡视。地鼠蹲下表示地鼠在洞中，此时，打地鼠者不能进行击打；地鼠站起来表示地鼠出洞。打地鼠者根据锤子的大小、颜色击打相应的地鼠，最后比一比谁打的地鼠最多。（图11-3、图11-4）

（二）地鼠和动物朋友（适合小、中、大班幼儿）

幼儿扮演地鼠以及其他自己喜欢的小动物。地鼠邀请了动物朋友来家里玩，一些幼儿通过闯关跳圈游戏，用沙包投掷小动物，投中小动物为胜利，并点数小动物身上的圆点或辨认数字，最后按从小到大或从大到小的顺序给小动物排队，或玩区分单双数的游戏，或玩数的组合（数概念、排列、组合）游戏。（图11-5、图11-6）

图 11-3

图 11-4

图 11-5

图 11-6

（三）地鼠练兵（适合中、大班幼儿）

幼儿扮演地鼠自由结伴出行。他们在草地上匍匐前进或侧滚翻，并不时将头探出洞。打地鼠者击打出洞的地鼠，安全出洞的地鼠垒高造墙，最后数一数、比一比，看哪组的墙垒得又高又稳。（图11-7、图11-8）

图11-7

图11-8

教育启示

《纲要》指出："指导幼儿利用身边的物品或废旧材料制作玩具、手工艺品等来美化自己的生活或开展其他活动。"在幼儿园开展变废为宝活动，将生活中的废旧材料进行利用与改造，可以最大限度地发挥教师和幼儿的聪明才智。在确保材料安全环保的前提下，师幼合作选用了常见的废旧材料——布，制作了幼儿喜爱的打地鼠游戏玩教具，创设了符合各个年龄段幼儿的数学游戏，达到了寓教于游戏的目地。

低年龄段的幼儿在打地鼠、躲藏等情境活动中可以增强身体的协调性，加快头脑的反应速度，还可以发展对大小、配对、空间等的认识和反应能力。高年龄段的幼儿在投掷、爬中发展了数概念等，同时锻炼了身体。这是一套启发智慧的玩教具，既提升了师幼的创造力，又增长了幼儿的数学智慧。幼儿在玩游戏的同时能够培养与同伴之间的默契和配合度，并遵守游戏规则。

打地鼠玩教具一物多玩，不仅能让幼儿在愉快的游戏情境中学数学，还能激发幼儿参加活动的兴趣，促进幼儿身体机能的协调发展。

扫一扫，
看精彩视频

创作者：徐淀、莫珉颖　作者单位：浙江省湖州市蓝天实验幼儿园

动物的家在哪里

材料准备

不织布、打印纸、子母扣、塑封纸、胶棒。

制作方法

1. 制作动物之家：在一张不织布上镂空剪出36个方块（以6×6的方式排列），后面用另一张不织布做衬底，作为屋身。再用第三张不织布剪出等腰梯形，作为屋顶。然后用不织布剪出两组数字（1~6），一组对应着方块横向贴于屋身底部，另一组对应着方块纵向贴于屋身左侧。最后在纵向数字的旁边分别贴上"鱼类""两栖类""爬行类""鸟类""哺乳类"和"无脊椎"的图标。（图12-1）

2. 制作自查表和动物家门：寻找6类动物的图片（包含分类时易混淆的动物）并彩印两份。一份贴在两张三行两列的自查表中（图12-2），另一份贴在上方画有三个空格的小纸片（动物家门）上，然后塑封。

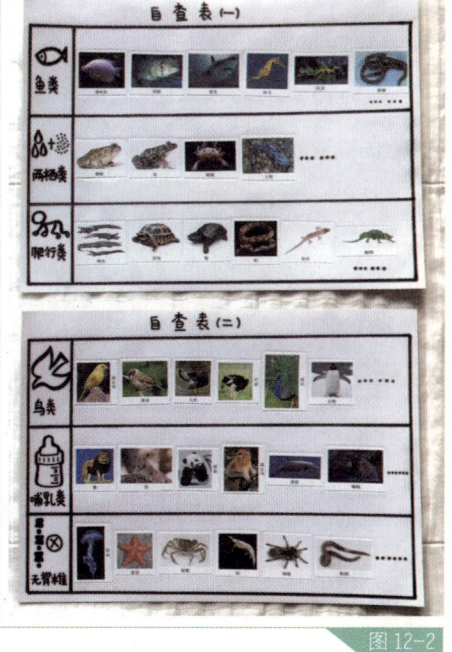

图12-1

图12-2

3.制作方位卡片：画4个相同大小、相同粗细的圆环并将其剪下，在塑封纸上对应上、下、左、右摆放，用笔在圆环内写上小字"上""下""左""右"，然后塑封。（图12-3）

4.制作货品和送货单：寻找与动物相关联的实物（如食物）图片并彩印，然后设计送货单，最后塑封。（图12-4、图12-5）

图12-3

图12-4

图12-5

玩具玩法

该材料较为适合大班幼儿，操作性强且层层递进，结合了分类、排序、方位辨别、运算等多方面的科学内容。

（一）动物大家庭（动物分类）

观察动物家门上的动物图片，说说动物名称，并根据经验将其贴到1楼（鱼类）、2楼（两栖类）、3楼（爬行类）、4楼（鸟类）、5楼（哺乳类）、6楼（无脊椎）的空格中，事后利用自查表自查。（图12-6）

（二）动物门牌号（门牌编写）

参考已有门牌号的动物家门，根据楼层和房间号给门牌号空白的动物家门编写门牌号，如101。（图12-7）

图 12-6

图 12-7

图 12-8

（三）动物邻居（方位辨别）

使用方位卡片随机定位 5 个动物，说说中间的动物的上边、下边、左边、右边分别住着谁。（图 12-8）

（四）动物快递（序数）

根据送货单上的送货条目寻找送货地址，将货品送给相应住户。也可以自己在空白送货单上给同伴设计送货条目。（图 12-9）

图 12-9

教育启示

喜爱小动物是幼儿的天性。形态各异、种类丰富的小动物不仅能够吸引幼儿的注意力,还能充分调动幼儿的好奇心。根据幼儿的这一天性,同时结合《指南》对幼儿提出的部分发展要求,我们制作了玩教具"动物的家在哪里"。这是一套适合大班幼儿操作的科学领域知识和数学领域知识相结合的玩教具。它以"小动物的家"为情境,包含"动物大家庭""动物门牌号""动物邻居"和"动物快递"4种玩法。

在"动物大家庭"的玩法中,幼儿可以根据动物的外形特点和生活习性等对其进行分类,从而帮助不同的小动物找到自己的家,进而巩固自身对动物类型的认识并深入感受自然界生物的丰富性和多样性。

在"动物门牌号"的玩法中,幼儿可以运用生活经验,根据楼层和房间号为小动物的家编写门牌号,从而加强自身对序数的理解与掌握,并进一步提高数字书写能力。

在"动物邻居"的玩法中,幼儿可以自由选择一个小动物的家,分别说说它上、下、左、右的邻居是谁,以此加强并巩固以自身为中心辨别基本方位的能力。

在"动物快递"的玩法中,幼儿可以积极进行运算,根据送货单的要求为不同的住户送去相应物品，进一步巩固序数经验。在整个富有情境性的游戏过程中，幼儿既能产生关心、爱护小动物的情感，还能在看看、说说、写写、算算中进一步提升自身的数学经验与能力。

值得一提的是，"动物的家在哪里"这一玩教具既可以满足单人游戏的需求，又能够满足双人合作游戏的需求。合作游戏主要体现在"动物邻居"和"动物快递"的玩法中。在"动物邻居"的玩法中，两名幼儿可以一名拿方位卡片定位，另一名根据定位说出邻居的方位，然后互换角色，看看谁说得又快又准确；在"动物快递"的玩法中，两名幼儿可以一名在空白送货单上设计送货条目，另一名根据要求送货，然后互换角色，比比谁送货快。合作游戏的形式不仅大大提高了该套玩教具的趣味性，还能够让幼儿在游戏中发展社会交往能力，从而使幼儿更好地适应即将到来的小学学习生活。此外，该套玩教具轻便、可折叠，收纳、携带均十分方便，能够供幼儿在室内或室外自由取出进行游戏，满足幼儿随机产生的游戏需求。

扫一扫，
看精彩视频

创作者：王琼　作者单位：浙江省宁波市东钱湖镇东湖观邸幼儿园

吉祥话大富翁

材料准备

准备16个长方形棋盘，上面有成语吉祥话和指令。再准备一个长、宽、高均为19 cm的正方体骰子，每一面贴的数字由幼儿年龄特点决定。中班贴数字10～20，小班贴数字1～10。

场地设置：如果幼儿玩的是单脚跳，就将所有棋盘围成棋子之间的距离为20 cm左右的圆形。如果幼儿玩的是立定跳远，就根据幼儿的实际情况，将棋盘围成棋子之间的距离为30～100 cm的圆形。

制作方法

1. 将红色不织布剪成16个长33.5 cm、宽25.5 cm的长方形棋盘。（图13-1）

2. 彩印出长12 cm、宽10 cm的写有成语吉祥话和指令的卡片。（图13-2）

3. 将黄色不织布剪成32只长11 cm、宽7 cm的小脚丫。（图13-3）

4. 将彩印出的成语吉祥话和指令贴于红色的长方形棋盘中间，将两只黄色小脚丫分别贴于成语吉祥话和指令的两侧。（图13-4）

图13-1　　　图13-2

图13-3

图13-4

5.用纸箱制作一个长、宽、高均为19 cm的正方体骰子,并用黄色即时贴包裹起来。用热熔胶将透明过塑膜贴成口袋状固定在骰子的每一面上,方便换数字。(图13-5)

6.用白纸打印一些数字。(图13-6)

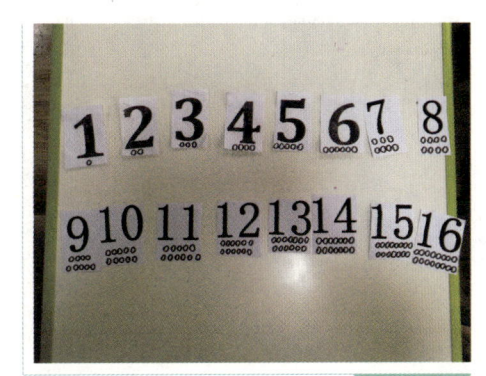

图13-5

图13-6

> **玩具玩法**

小班幼儿可以进行1～10的点数和1～10的数字符号的认识,并且进行双脚跳或者单脚跳。中班幼儿可以进行1～20的点数和10～20的数字符号的认识,并且进行双脚跳或者单脚跳。

(一)识点数立定跳远或单脚跳(图13-7)

适合中班幼儿。这是一个三人游戏,一人当裁判,另两人分别扮演棋子1和棋子2,从起点顺时针或逆时针出发。

棋子1、棋子2运用骰子分别掷出10～20的数字和点数,根据数字和点数单脚跳或者双脚跳，跳到哪里按指令行事。裁判不仅帮棋子 1、棋子 2 搬运骰子，还监督他们是否遵守游戏规则，判定谁最先成功。

谁最先绕行一圈并喊出"吉祥话大富翁"，谁就获胜并成为"大富翁"。

（二）识点数立定跳远（图 13-8）

适合小班幼儿。这是一个三人游戏，一人当裁判，另两人分别扮演棋子 1 和棋子 2，从起点顺时针或逆时针出发。

棋子 1、棋子 2 运用骰子分别掷出 1～10 的数字和点数，根据数字和点数双脚立定跳远前进，跳到哪里按指令行事。裁判不仅帮棋子 1、棋子 2 搬运骰子，还监督他们是否遵守游戏规则，判定谁最先成功。

谁最先绕行一圈并喊出"吉祥话大富翁"，谁就获胜并成为"大富翁"。

图 13-7

图 13-8

教育启示

这是一套综合了健康、语言、社会、科学领域的整合性玩教具。"大富翁"是幼儿经常玩也很喜欢玩的一种游戏。我们将"大富翁"桌面游戏搬到地面上进行，让幼儿在游戏中扮演棋子的角色并在棋盘上跳动起来，使游戏变成了活的游戏。

首先，多名幼儿可以参与这个游戏，他们通过自己的方式决定游戏的顺序以及游戏的裁判。这需要幼儿具有合作意识和竞争意识。同时，这是一个规则性很强的游戏。幼儿必须理解并遵守相应的规则才能玩得好。

其次，小班幼儿可以选择 1～10 作为骰子上的数字。扔到几，他便识别几，确定需要跳几步。这个过程可以促进幼儿对数字符号的认识和按数取物能力的发展。中班幼儿可以选择 10～20 作为骰子上的数字。这个过程也可以促进中班幼儿对数字符号的认识和按数取物能力的发展。

最后，幼儿根据棋盘与棋盘之间的距离调整好自己的步伐，在活动中通过双脚跳或者单脚跳到达目的地。这个过程可以锻炼幼儿的协调能力和弹跳能力。

扫一扫，
看精彩视频

创作者：张娅、孙万俊　作者单位：四川省成都市龙泉驿区柏合幼儿园

太空趣多多

材料准备

基础材料包括环保板材、不锈钢合页、万向轮（带刹车装置）、滑轮组合等。根据游戏的不同，还需要如下材料。

1. "光和影"材料：手电筒、白色卡纸等。

2. "观月相"材料：不织布、月相图谱等。

3. "找找看"材料：预设图画、白板笔、白板纸、抽拉游戏板等。

4. "三球仪"材料：带灯光的红色圆球、小号地球仪、白色小圆球、白板笔、记录纸等。

5. "走迷宫"材料：白色废旧吸管、轻黏土等。

6. "太空漫步"材料：不织布、大头钉、子母贴等。

7. "升国旗"材料：细木杆、细线、国旗等。

制作方法

（一）制作玩教具主体

将环保板材按照卡通火箭的图形裁切成大小均等的4份，并进行涂色装饰。（图14-1）

将裁切、装饰好的板材进行十字形拼插，并用不锈钢合页（图14-2）固定。玩教具主体应圆润无棱角、牢固耐用。

在玩教具主体底部安装带有刹车装置的万向轮（图14-3），方便其移动。这符合玩教具的安全性、易操作性等功能要求。

图14-1

图 14-2

图 14-3

（二）制作游戏面板

光和影：将一张白色卡纸粘贴到活动面板上，并张贴手影示范图片，供幼儿学习借鉴。左上方设置存放手电筒的挂钩或细线，供幼儿收放手电筒。（图 14-4）

观月相：将一块黑色不织布粘贴到活动面板上。根据月相图谱把黄色不织布裁剪成不同的月相成像图形，背面缝制子母贴，便于月相图在黑色不织布面板上自由移动。右侧张贴月相图谱，便于幼儿参考。（图 14-5）

图 14-4

图 14-5

找找看：在活动面板上手绘太空线条画，对线条画的某一部分进行遮挡或者进行留白处理。在线条画下方放置三张参考图片，要求幼儿移动游戏板，选择正确图片填充留白处。左侧有操作纸，可供幼儿自由创作。（图 14-6）

三球仪：准备带灯光的红色圆球、小号地球仪、白色小圆珠各一个，用细木杆将它们固定在活动面板上（底座设计成三角形便于支撑、固定）。需将三球固定在不同

的操作杆上，保证它们可转动。小号地球仪的操作杆做倾斜23.5°处理。（图14-7）

走迷宫：用环保颜料将活动面板涂染成蓝色。手绘迷宫路线图，将白色废旧吸管根据迷宫路线图的需求进行裁剪，并粘贴在路线图上。将不同颜色的轻黏土团成球状，并将其固定在短小的吸管上方，作为幼儿操作的游戏棒。（图14-8）

太空漫步：彩印我国"太空漫步第一步"的图片作为背景图，并在背景图上方粘贴三条子母贴。将不织布裁剪成大小、颜色、图案不同的几何图形，并将它们放入材料袋，然后用大头钉把材料袋固定在活动面板上。（图14-9）用不织布制作布书《神秘星球》。每一个活动素材背后都缝制子母贴，便于幼儿操作使用。（图14-10）

升国旗：准备细木杆一根，在木杆的两端固定滑轮组合，并用细线连接。准备小号五星红旗一面，固定在线的一端。（图14-11）

图 14-10

图 14-11

玩具玩法

（一）光和影

幼儿通过灵巧的双手，在光和影里体验游戏的乐趣。

单人游戏：一名幼儿一手紧握手电筒，另一只手自由变换手势，演绎不同的手影。（图14-12）

合作游戏：两名及以上幼儿，参照活动面板上展示的手影图片，自主合作，创造不同的手影造型。（图14-13）

（二）观月相

由集体教学活动"月亮姑娘做衣裳"引申而来。幼儿通过操作不织布材料，用科普图片做对照，自由探索、发现、总结月相变化规律。（图14-14）

图 14-12

图 14-13

图 14-14

（三）找找看

幼儿通过观察宇宙黑白线条画和操作游戏板，找出多边形图中缺少的部分，锻炼观察力和读图分析能力。此游戏有两种玩法：一是幼儿可以抽拉活动面板下方的游戏板，选择适合填充在留白处的不规则图形（图14-15）；二是幼儿可以利用左侧的操作纸（可重复使用），用白板笔自行设计留白处的图形，或者自主设计新的游戏。（图14-16）

（四）三球仪

幼儿可以转动三球仪，演示太阳、地球、月球的公转与自转，以及月全食、日全食、月相变化等自然现象。同时，幼儿可将观察到的现象绘制在记录卡中，体验科学探索的乐趣。（图14-17、图14-18）

图14-15

图14-16

图14-17

图14-18

（五）走迷宫

幼儿通过玩"石头、剪刀、布"游戏或者其他形式自主进行游戏权的选择，然后在不同颜色的游戏棒中选取自己喜爱的游戏棒进行游戏。幼儿在废旧吸管构成的迷宫中，通过游戏棒探索出口，锻炼逻辑思维能力和动手操作能力。（图 14-19、图 14-20）

图 14-19

图 14-20

（六）太空漫步

在"太空漫步第一步"的知识背景下，幼儿对圆形、正方形、三角形、等腰梯形等常见的几何图形进行规律排序。每一个活动素材背后都缝制子母贴，便于幼儿模拟铺就宇航员太空行走之路。（图 14-21）

结合《神秘星球》布书，丰富幼儿的太空知识。（图 14-22、图 14-23、图 14-24、图 14-25、图 14-26）

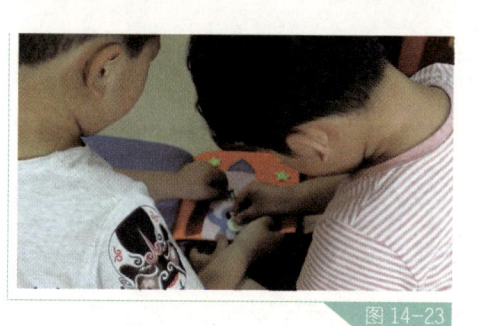

图 14-21

图 14-22

图 14-23

图 14-24

图 14-25

图 14-26

（七）升国旗

转动旗杆底部的滑轮手柄，观察五星红旗升起的过程，体验滑轮组合促成升降的科学原理，为自己是中国人感到骄傲和自豪。（图 14-27）

图 14-27

● 教育启示

自制玩教具"太空趣多多"的设计灵感来源于山东省省编教材中的"月亮姑娘做衣裳"这一主题活动。这一充满童趣的故事却孕育了高深、严谨的科学知识。由月亮到地球，由星球到太空，一系列的宇宙现象吸引着好奇心强的幼儿。因此，这款出自幼儿集体生活又超出幼儿实际生活经验的玩教具，一经投入使用，便迎合了幼儿的需求，还在游戏中促进了幼儿五大领域能力的提升。

在玩教具的选材中，我们就地取材，使用具有"板材之乡"地域特色的环保板材，一方面是对我园"神奇的树木"园本课程的特色延伸，另一方面激发了幼儿对家乡的热爱之情及归属感。

"太空趣多多"一物多玩。"光和影""观月相""找找看""三球仪""太空漫步""走迷宫""升国旗"这7个活动的选用，实现了幼儿头脑、手眼等的解放，在合作过程中潜移默化地发展了幼儿的社会性，实现了幼儿五大领域能力的共同提升。7个活动循序渐进，使幼儿无形之中对宇宙产生了强烈的探索欲，同时在幼儿的内心深处埋下了梦想的种子，以及对祖国的归属感、认同感和强烈的民族自豪感。"太空趣多多"

达到了《指南》所要求的科学育人目的,让幼儿在自主进行科学探索的同时,培养了新时代乡镇幼儿的爱国情怀!

扫一扫,
看精彩视频

创作者:许丽、许庆丽　作者单位:山东省临沂市兰山区义堂镇朱保中心幼儿园

沂蒙小剧场

材料准备

材料分为三部分：剧场、道具和材料箱。（图15-1）

剧场：长150 cm，宽60 cm，高160 cm，可供1~6名幼儿同时表演。内含两根拉杆，用来安装皮影幕布和红色幕布，其中红色幕布装有拉链，为幼儿的多种表演做好准备。

道具：袜子手偶、影子形象、泥塑、矮人道具以及不织布剧本。

材料箱：手偶制作箱、影子制作箱、泥塑制作箱以及灯光音响设备箱。

图 15-1

制作方法

袜子手偶：根据自己的想象，准备袜子、不织布、毛线、绒球等各种材料，运用剪、缝制、粘贴等多种方式创作完成。（图15-2）

影子形象：由绘本《奥菲利娅的影子剧院》延伸而来。将黑色卡纸或者黑色即时贴粘在废旧纸箱上，根据自己需要的形象裁剪出轮廓，粘上竹签即创作完成。（图15-3）

图 15-2

图 15-3

泥塑：把各色黏土用团、揉、搓、捏、粘等方式做成各种形象，并利用彩笔稍加装饰，底部插上竹签后晾干便可以参与表演。（图15-4）

矮人道具：将儿童的上衣和裤子缝在一起，然后从背后剪开，缝上2～3对布条，再配以头饰、帽子、眼镜、儿童鞋等供幼儿表演选择。（图15-5）

不织布剧本：由幼儿手绘，或以用不织布制作的故事书为主。（图15-6）

图15-4

图15-5

图15-6

• 玩具玩法

这套玩教具对于小、中、大班幼儿而言皆适宜，可以让幼儿充分感知多种道具的艺术魅力，可以充分调动幼儿的各种感官和创造性思维，玩教合一，一物多玩。此外，在每一项活动中，我们都提供原材料和半成品材料，供幼儿根据需要创造新形象，开始新的表演。

手偶剧场：操作方式主要是将手伸进袜子手偶，靠手掌、手指活动来带动手偶的身体和嘴巴。幼儿在幕后配音，可以表演绘本故事和自创故事。（图15-7）

图15-7

影子剧场：换皮影幕布，幼儿分工合作，扮演灯光师、音响师等各种角色。（图15-8）

泥塑表演：幼儿边操作泥塑，边模仿人物形象在幕后配音，可以表演绘本故事和自创故事。（图15-9）

矮人剧场：每一个矮人都由两名幼儿配合扮演。一名幼儿装扮起来，用手穿鞋做脚的动作；另一名幼儿把手伸到前面做手的动作。这样可以培养合作意识，增进友谊。（图15-10）

不织布剧本表演：幼儿把喜欢的故事做成不织布剧本，也可以对表演中喜欢的场景进行汇编，以不织布绘本的形式展现。

图15-8

图15-9

图15-10

● 教育启示

依据《纲要》《指南》的理念，幼儿的学习是以直接经验为基础，在游戏和日常生活中进行的，所以幼儿园要重视游戏和生活的独特价值，创设丰富的教育环境，合理安排一日生活，最大限度地支持和满足幼儿通过直接感知、实际操作和亲身体验获取经验的需要。自制玩教具成为幼儿教育中重要的资源。幼儿对玩教具及材料的操作，丰富了幼儿的感性经验，也成为幼儿发现问题的途径。我们根据自制玩教具应符合幼儿的年龄特征，具有启发性、创新性、安全性、教育性、操作性等特点，结合生活中的废旧物品和自然资源，因地制宜，制作了"沂蒙小剧场"，还为幼儿准备了自制小剧本以及丰富的制作材料。

每个小剧本的内容都丰富多样，经过教师的精心设计，让人物的形象变得立体而鲜活。幼儿在操作中动手、动脑、动口，在游戏中大胆仿编或创编故事，促进了创造力及想象力的发展，也激发了讲述热情。

鲁迅曾说："游戏是儿童最正当的行为，玩具是儿童的天使。"玩具和游戏材料是幼儿游戏的支柱，所以随着教学活动的开展，我们及时添加道具及制作材料，为幼儿创造条件和机会，逐步培养幼儿的想象力和创造力及艺术表现力，引导幼儿学会用心灵去发现和感受美，学会用自己的方式去表现和创造美。

扫一扫，
看精彩视频

创作者：张丽　作者单位：山东省临沂市平邑县实验幼儿园

转转乐

材料准备

圆形礼品盒、不织布等。

制作方法

时钟上的数字、十二生肖、按规律排序的操作材料都用不织布制作。用胶枪把时钟上的数字粘在黄色圆形的不织布上；用针线把十二生肖缝好，再利用胶枪将它们粘在白色圆形的不织布上；按规律排序的操作材料的制作方法为在图案里面塞棉花，再用针线缝合。最后使用魔术扣将各部件与圆形礼品盒组合起来。（图 16-1、图 16-2、图 16-3）

图 16-1

图 16-2

图 16-3

玩具玩法

老狼老狼几点了：幼儿按照顺时针的方向把时钟的 12 个数字贴上，然后幼儿 A 问幼儿 B："老狼老狼几点了？"幼儿 B 答："1：30。"幼儿 A 把时钟拨到 1：30。（图 16-4）

十二生肖排排队：幼儿按照顺时针的方向把十二生肖按照先后顺序粘在盒子上。（图 16-5）

按颜色规律排序：幼儿将不同颜色的小鸡按照 ABC、AABB、AAB、AABC 等规律排序。（图 16-6、图 16-7）

按图形规律排序：幼儿将不同形状的图形按照 ABC、AABB、AAB、AABC 等规律排序。（图 16-8、图 16-9）

图 16-4

图 16-5

图 16-6

图 16-7

图16-8

图16-9

教育启示

"转转乐"这套多功能玩教具，蕴含三种教育功能。

首先，它可以帮助幼儿对时钟产生初步认知。时钟作为计时的工具，是我们生活中必备的用品。它可以让幼儿在操作钟面玩具的过程中了解时针和分针之间的运行规律，可以增强幼儿的时间观念，进而让幼儿理解珍惜时间的意义并养成规律作息的良好习惯。

其次，它可以帮助幼儿在认识十二生肖的过程中了解中国传统文化。这套玩教具与十二生肖相结合，以游戏的方式将十二生肖的概念自然融入，是幼儿获取相关经验的有效途径。

最后，它可以培养幼儿的观察力和推理能力。幼儿学习排序，可以按量的差异排序，也可以按物体的某一特征排序。这份操作材料通过排序练习与操作，可以为幼儿建立初步的数学概念做准备。

扫一扫，
看精彩视频

创作者：蓝姝艳 作者单位：福建省厦门市海沧区霞光东路幼儿园

第四章 木质类

炫彩滚动

材料准备

木板、管道积木、塑料瓶、软管、弹珠、乒乓球、钢珠、布料、毛巾、自制透明管、粘扣、废旧瓶盖、废旧螺丝、废旧药盒等。

制作方法

1. 根据需要准备长短、大小、薄厚不一的木板，并根据需要进行规划。

2. 用粘扣粘贴游戏材料。

3. 对游戏区域进行划分、布局，粘贴所需材料，进行实验。

4. 将各部分进行整体拼装，并对各部分需要的材料进行分类管理。（图 17-1、图 17-2）

图 17-1

图 17-2

玩具玩法

"炫彩滚动"是根据物体滚动带来的摩擦力制作的。

（一）科学探究小游戏

轻重对比：这是一个与压力有关的小实验。在相同的轨道（图17-3）上投放轻重不同的弹珠、钢珠等，让幼儿观察物体滚动的轨迹和速度。

粗糙程度对比：这是一个了解轨道的粗糙程度的小实验。将光滑的布和粗糙的毛巾进行对比，引导幼儿发现同一物体在不同的轨道上运动的速度不同。（图17-4）

图17-3

图17-4

准备塑料瓶等，把它们做成不同的轨道，引导幼儿发现同一物体在其中运动的轨迹和速度不同。（图17-5）

为实现"我玩我做主"，增强幼儿的自主性，我们设计了粘扣。幼儿可以自由搭建，自主探索。（图17-6）

为方便材料的取放和分类，我们制作了储物盒。同时，为达到物尽其用，我们在盒面上设置了弹珠迷宫。（图17-7）

（二）益智趣味小游戏

混杂滚动管道：根据弹珠滚动的声音判断和寻找弹珠滚动的轨迹，发展幼儿的倾听能力。（图17-8）

接龙游戏：利用纸筒让幼儿一个接一个合作，发展幼儿的团结协作能力。（图17-9）

图 17-5　　图 17-6　　图 17-7

障碍冲冲冲：利用废旧的瓶盖、螺丝、皮筋创设道路障碍，让幼儿借助外力探索弹珠滚动的路径、速度。（图 17-10）

炫彩阶梯：设置阶梯，让幼儿观察弹珠的滚动路径。（图 17-11）

交通迷宫：增强幼儿的规则意识，使幼儿养成自觉遵守交通规则的习惯，提高自

图 17-8　　图 17-9

图 17-10　　图 17-11

我防护能力。（图 17-12）

数字钻山洞：利用弹珠，按照数字的顺序游戏，发展幼儿的手腕灵活性和对数字的感知能力。（图 17-13）

自由游戏：让弹珠、钢珠做可自由调节的曲线式滚动和距离性滚动。（图 17-14、图 17-15）

图 17-12

图 17-13

图 17-14

图 17-15

•教育启示

滚动游戏是幼儿乐于探究的一种游戏。我们利用日常生活中的废旧物品，可以创造不一样的探索活动。滚动游戏充分发挥了幼儿的自主性。幼儿能从不同的背景板面上挖掘出不一样的玩法，并且能根据自己的意愿掌控游戏的玩法。该游戏玩法多样：一个人玩，可以选择搭桥、搭通道、走迷宫等，激发幼儿的探究欲望；多人一起玩，可以两两结合、小组结合，增强幼儿的交往能力。

　　本套玩教具的制作是根据幼儿的年龄特点、学习规律、发展需要，遵循科学性、趣味性、操作性和安全性的原则完成的。幼儿自主拆装、组合材料，探究物体的滚动规律，一边做，一边玩，把自制玩教具融入游戏活动。

　　炫彩滚动、精彩不断，废物利用、一物多玩！

扫一扫，
看精彩视频

创作者：朱丛莲、胡郡琰　作者单位：山东省临沂市罗庄区册山中心幼儿园

光影天地

材料准备

主要材料：细木工板、牛油纸、窗帘轨道、即时贴、卡纸、手电筒、皮影专用灯。

辅助材料：手偶、木偶、纸偶、自制皮影，以及积木、树、草等场景道具。

制作方法

1. 收集细木工板，制作一个 150 cm×100 cm 的长方形木框并进行装饰。
2. 购买牛油纸制作幕布，用可以卷折的方式（窗帘轨道）将其固定到木框上部。
3. 拉下幕布，使用手电筒或皮影专用灯进行"光与影"的游戏探索，也可以将幕布卷上去进行手偶、木偶或皮影表演。（图18-1、图18-2、图18-3）

图 18-1

图 18-2

图 18-3

● **玩具玩法**

将"光影天地"玩教具投放到探索区,当幼儿来到探索区活动时,教师向幼儿进行环境及材料介绍,还要进行安全教育和爱护玩教具的教育,然后让幼儿自由探索。幼儿可以在幕布后面当表演者,也可以在前面当观众。游戏时,幼儿可以不用道具,也可以借助其他区域的材料进行探索。教师进行观察并及时提供支持,可以为幼儿调整灯光、更新材料,引导并促进幼儿进一步探索。这些探索可以是科学、语言、艺术等领域的融合探索。

(一)光影游戏

猜猜我是谁:幼儿可以到幕布后玩猜影子的游戏。在猜的过程中,幼儿根据需要调整难度,通过声音、发型、外形、脸部轮廓等方式来辨别这是谁的影子。(图18-4)

顽皮的影子:教师根据幼儿探索的需要提供手电筒、观察记录表、积木等,让幼儿观察、探索影子为什么会变、影子会怎样变。

图18-4

幼儿站在幕布后把手电筒的光照在自己的手上、玩具上,不停地变化距离和方向……幼儿探索出物体离光的远近不同,出现的影子的大小会不同,清晰程度也会不同。幼儿还探索出光源的位置变化会影响影子的形状和方向。(图18-5、图18-6)

影子的颜色:教师提供观察记录表和各种透明、不透明的材料。幼儿一边尝

图18-5

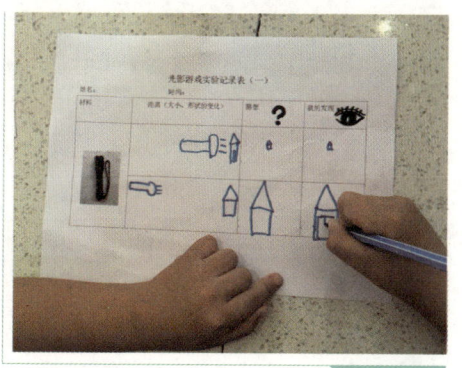

图18-6

试，一边记录，探索影子的颜色，发现彩色透明材料的影子有颜色。（图18-7、图18-8）

　　动物园奇妙的影子：幼儿在幕布后用材料建构动物园。这所动物园通过影子的形式出现在幼儿面前，是一所彩色的动物园。他们从动物园的影子中发现，有的房子的影子有门，有的房子的影子有窗，有的车子的影子还有彩色的窗户。幼儿验证了以下原理：光可以透过空隙，镂空物体的影子会有空隙；光可以透过透明的物体，彩色透明的物体的影子是彩色的。（图18-9、图18-10）

图18-7

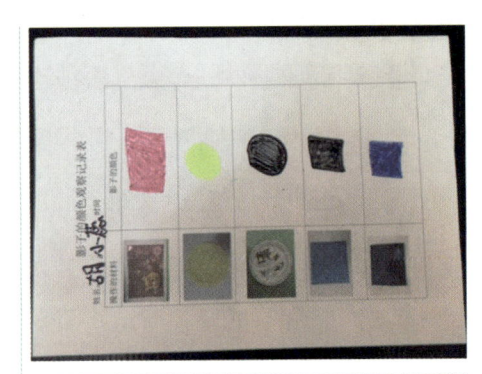

图18-8

图18-9

图18-10

（二）语言和艺术游戏

　　手影表演：幼儿可以运用已有经验进行简单的角色表演，遇到不能用手影表演的角色时，可以通过画纸偶等方式解决问题，将头饰表演游戏迁移到手影表演游戏中。（图18-11）

剪纸表演：不能用手影表演的角色可以用剪纸来进行表演。（图18-12）

皮影表演：幼儿发现他们剪出的纸偶不能灵活地动，教师便支持幼儿自制皮影进行表演。（图18-13）

拉起幕布，幼儿还可以进行手偶表演、木偶表演。（图18-14、图18-15）

图 18-11

图 18-12

图 18-13

图 18-14

图 18-15

教育启示

一个游戏多人参与，幼儿个个都是游戏的主体。我们创设的这套玩教具，一物多玩、一物多用、一物久用，突出了玩教具的多元实用性。幼儿在玩的过程中发展着多种能力。

首先，游戏支持和促进幼儿多领域能力的融合发展。一套玩教具有多种玩法，既可以当皮影戏台，又可以当木偶剧场；既可以用于科学探索，也可以用于语言表演；既是幼儿的玩具，也是教师的教具。

其次，游戏可以激发幼儿深度学习。在游戏的过程中，幼儿体验与经历"主动探究—获取经验—发现新问题—持续探究"。例如，玩教具被投放后，幼儿好奇黑乎乎的影子是谁，自发提出"猜猜我是谁"的游戏；在探索中，幼儿获得了通过多种方式辨别影子的经验；幼儿继续探索并提出新问题——无声的影子怎样辨别？然后在探索中找到解决新问题的办法，即当没有声音时可以通过影子的发型、外形、脸部轮廓等来辨别这是谁的影子。

最后，游戏带来的多种改变促使幼儿主动学习。游戏一改以往语言区域的冷清，吸引幼儿前来游戏，增加了幼儿对语言学习的主动性，激发了他们对猜想、表达的热情。与此同时，游戏还实现了三个改变：改"教师讲"为"幼儿讲"；改"要我讲"为"我要讲"；改"一人讲述"为"多人合作讲述"。

扫一扫，
看精彩视频

创作者：胡霞、胡波、雷小莉　作者单位：重庆市北碚实验幼儿园

机关球

材料准备

废旧双层纸箱、木板若干，废旧塑料瓶若干，棉签、牙签若干，冰激凌勺子若干，大、小玻璃球，废旧筷子若干，硬纸板若干。

制作方法

1. 将木板切割成三角轨道形状，并在斜坡上切割出凹槽，以便小球翻滚装置向下翻滚。（图 19-1）

2. 将 4 根筷子切割成一样长度，把两个玻璃球放到筷子中间并用牙签固定好。在筷子的两个面上固定硬纸板，根据斜坡凹槽的宽度放置横向木棍，形成小球翻滚装置。（图 19-2）

图 19-1

图 19-2

3. 根据玻璃球的大小制作小球下落装置（机关装置），确保小球下落装置要有一定的高度。为了能使小球翻滚装置与小球下落装置连接起来，要用硬纸板制作阻挡装置。（图 19-3）

4. 用筷子制作一个可以支撑整个塑料瓶的支架，并用绳子固定在顶端。（图 19-4）

图 19-3

图 19-4

5. 用棉签与筷子制作可以支撑塑料瓶口的 Y 形支架。（图 19-5）

6. 准备两个废旧塑料瓶，分别在瓶体上下两端烫出能流水的口，在上端的塑料瓶上放一个接水口，下端放一个塑料瓶固定。（图 19-6）

7. 用大的塑料瓶做小猪的身体，把冰激凌勺子粘到筷子上，在塑料瓶上烫出对应的洞，以便风车转动。（图 19-7）

图 19-5

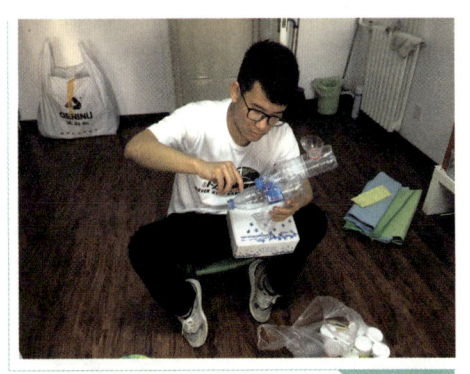

图 19-6

图 19-7

8. 用纸箱制作旋转小球轨道，画出多个半圆进行剪裁、拼接，制作出轨道底部，然后把纸箱揭开，利用瓦楞一面制作轨道侧边。（图19-8）

9. 呈现整体效果：三个部分都可以分别拆卸，方便多名幼儿游戏，也可以缩小所占空间。（图19-9）

10. 使用辅助材料：利用黑色的硬纸板制作小燕子。

图 19-8

图 19-9

• 玩具玩法

翻滚的小球：将小球翻滚装置放到顶端，将机关装置放到相应的卡槽里，将小球放在小的口里，将大球放在大的口里，将装满水的瓶子放在支架上，将前面的白色塑料片卡在前端，将木头块卡在后端，将Y形木棍卡在瓶口，把装满水的瓶子支起来。（图19-10、图19-11、图19-12、图19-13、图19-14）

图 19-10

图 19-11

幼儿用手给小球翻滚装置一个下滑的力。（图19-15）该装置随之顺着卡槽翻滚下落，滚到底部砸到机关，从而触发机关，使大球与小球一起向下翻滚起来。小球顺势下落，沿着旋转小球轨道运动到底端。大球沿着第三部分的轨道砸落支撑瓶子的小棍，触发机关，使瓶口倾斜到接水口，进而使水往下流，随之让水车运动起来。

图 19-12

图 19-13

图 19-14

图 19-15

飞翔的小燕子：幼儿用两只手分别把绳子拉直，然后双手做上下交替运动，这时小燕子会跟随手的运动往上运动。幼儿可以比赛，看谁的小燕子飞得快。（图19-16、图19-17、图19-18）

小球轨道：幼儿将塑料瓶灌满水放到支架上且瓶口冲下，水往下流打到水车。当瓶子里的水都流到小猪里后，把小猪里的水倒回瓶子里，循环利用水资源。（图19-19、图19-20）

动力水车：幼儿随意拿着小球从轨道顶端释放，观察小球的运动轨迹。（图19-21）

图 19-16

图 19-17

图 19-18

图 19-19

图 19-20

图 19-21

教育启示

幼儿对球的运动轨迹和水的动力一直都非常感兴趣。为了满足幼儿源源不断的求知欲，我们在日常教育教学中给幼儿渗透了相关的物理知识，用游戏的形式让幼儿对物理现象感兴趣，继而激发他们探索物理知识的热情。

我们根据惯性、摩擦力和水的动力等物理现象来设计这款玩教具，并生成了"翻滚的小球""飞翔的小燕子""小球轨道""动力水车"四种玩法。"翻滚的小球""小球轨道""动力水车"这三种玩法的游戏设备可以拆卸，且搬运方便。拆卸后的材料可以成为独立的玩教具。这可以锻炼幼儿的组装能力和合作能力。

扫一扫，
看精彩视频

创作者：徐维维、李超　　作者单位：北京市顺义区杨镇中心幼儿园

空气挖掘机

材料准备

主要材料：木板、木条、皮管、针筒若干，其中皮管、针筒为未使用过的。

场地准备：沙池、塑料海洋球池。

制作方法

1. 准备好挖掘机各个部位用的木条，先做好挖掘机的两个轮子。支架高约18 cm，大臂长约56 cm，小臂长约26 cm，爪子长约13 cm。（图20-1）

2. 做好底板。底盘为边长约23 cm的正方形，应做成可活动的。用钉子固定好挖掘机的支架。（图20-2）

3. 将大臂、小臂、爪子等部位用螺丝连接好。（图20-3）

4. 分别组装各个针筒和皮管组合，并固定好。（图20-4）

图 20-1

图 20-2

图 20-3

5.把支架和其他各个部位用螺丝连接好,把下面的三个针筒的气放完,把小臂上针筒的活塞拉至 6～7 ml 处,并连接好针筒。(图 20-5)

图 20-4

图 20-5

玩具玩法

本套玩教具名为"空气挖掘机",用空气推动力的科学原理设计,根据气流的变化控制大臂、小臂和爪子,让幼儿了解通过空气的压缩和扩张可以使挖掘机工作。该套玩教具操作性强,适合大班幼儿使用。该套玩教具可以在多名幼儿推动针筒的合作中完成挖掘工作,从而培养幼儿的合作意识,帮助其了解科学原理。

(一)沙池探索

幼儿自主选择一个针筒,并了解自己控制的针筒组合所对应的挖掘机部位。幼儿分别控制好自己的针筒,并商量推动针筒的先后顺序。每一个针筒组合都对应着不同的部位,推动第一个针筒可以控制小臂,推动第二个针筒可以抬升大臂,推动最后一个针筒可以收放爪子。幼儿在合作游戏中完成挖沙活动,然后与同伴交换针筒,继续游戏(图 20-6、图 20-7、图 20-8)。

图 20-6

图 20-7

图 20-8

（二）球球大作战

幼儿观察材料，了解球类易滚动的特性。幼儿自主选择一个针筒，与同伴合作使用空气挖掘机。在游戏过程中，幼儿需要自己去发现针筒组合和挖掘机每一个部位之间的关系，并且需要在不断合作和尝试中了解推动针筒的先后顺序，以完成挖掘工作。在操作时，幼儿需要把握双臂的力量，以便控制好针筒。（图 20-9、图 20-10）

图 20-9 　　图 20-10

教育启示

空气是人类每天都呼吸着的"生命气体"。但无形、无色、无味的空气如何让幼儿感知？我们通过这组游戏材料让幼儿在操作中了解其中的奥秘。实践能力是国际社会倡导的 STEM（科学、技术、工程、数学）教育所注重的能力。我们通过实践让幼儿建立学习与现实世界的联系，注重学习的过程，注重不同学科之间的联系等；让幼儿自己动手完成他们感兴趣的并且和他们生活相关的项目，从中学习各学科的知识。

多名幼儿需要在推动针筒的合作中完成挖掘工作，能够培养合作意识，并了解其科学原理。幼儿在游戏中不断交流，在交往的基础上合作，通过协商完成挖掘游戏。挖掘游戏可以运用于不同的材料中，如沙子、泥土、海洋球、泡沫球。在不同的材料中游戏，幼儿可以感受不同的力量、不同材料的易抓度等。

总之，本组游戏材料很好地培养了幼儿的合作能力、交流能力、注意力、耐力、手眼协调能力等，提高了幼儿多方面的综合素质。在游戏中，幼儿既能感受到活动的乐趣，又能体验到成就感。

扫一扫，
看精彩视频

创作者：钱淑云　作者单位：浙江省湖州市南浔实验幼儿园

木创乐

材料准备

适宜大小的木板、木条、螺丝、磨砂纸、气枪、锯子、电钻、锤子等。

★注意：本套玩教具具有一定的危险性。幼儿此前应有操作锯子、电钻、锤子等工具的经验，并应有成人在旁看护。

制作方法

1.移动木工操作台选用松木作为制作材料，因为松木具有轻便、味道清新的特点。本操作台为手工打造，选用无漆的制作方法，具有实用、有趣、简易、安全、环保等特点。（图21-1）

2.移动木工操作台具有可移动、可伸缩、可组装、多功能的特点。其外形呈长方体，拥有6个可操作面，长120 cm，宽60 cm，高71 cm。

3.移动木工操作台的正面有两层抽屉，其中第一层为工具箱，可将木工所用到的工具通过插、挂、放置等方式一一展现出来。（图21-2）

4.工具箱背面可固定设计图纸，便于幼儿根据设计图纸进行操作。（图21-3）

5.第二层抽屉为材料箱，总共分为长短、大小不一的6个小格，可将木屑、刨花、

图21-1

图21-2

松果、木材、树枝以及辅助材料分类放置，其隔板可自由拆装。（图21-4）

6.两层抽屉都可卸下并固定在操作台桌面上。（图21-5）

7.移动木工操作台桌面由两个桌钳以及18个小孔组成。桌钳具有固定材料的作用，比如，可将木块、木棍等固定在桌钳上进行切割。桌面小孔配合6个铜扣件可用于固定工具箱，协助桌钳固定较长、较大的木板。（图21-6）

8.可在桌面绘制设计图，进行木工技能操作，如钉、敲、锯、粘贴、打磨、装饰、组合等活动。（图21-7、图21-8）

图 21-3

图 21-4

图 21-5

图 21-6

图 21-7

图 21-8

9. 移动木工操作台左侧有挂置手套、袖套、围裙、护目镜、口罩等木工护具的装置。（图21-9）

10. 移动木工操作台右侧用于挂置两把折叠小凳。折叠小凳轻便、体积小、易携带，可供幼儿坐着操作工具。（图21-10）

11. 移动木工操作台背面有80个小孔，可插入小木棍用于木棍造型，如造出小动物、建筑物等图案。幼儿也可通过在小木棍上绕线进行造型。小孔也具有挂置东西的功能。（图21-11）

12. 移动木工操作台底面设有一张可伸缩的木板，可用于放置材料箱、作品、设计图纸等物品。（图21-12）

13. 移动木工操作台最底部设置了4个移动小轮。轮子设有安全锁，移动、固定皆可，可让操作台变换操作地点。（图21-13）

图 21-9

图 21-10

图 21-11

图 21-12

图 21-13

🏷 玩具玩法

该套玩教具操作性很强。小班幼儿可以玩木工材料，中班幼儿可以进行简单物品的制作，大班幼儿则可以根据主题进行木工作品的设计与制作。

锯木头：幼儿将一块木头固定在桌钳上，找一把合适的锯子锯。

连接木头：幼儿使用快速夹将两块木头夹在移动木工操作台上，然后拿出螺丝刀和螺丝，将两块木头紧紧地拧在一起。

钉子绕画：幼儿在木头上绘出作品的形状，随后使用锤子和钉子，在轮廓边缘钉钉子（将钉子的一半钉入即可），最后使用毛线在钉好的钉子上缠绕。

木工变变变：幼儿提前设计好图纸，同时教师准备好锯子、钉子、锤子、木工笔、鸟刨、什锦木锉等工具。幼儿自由分组，并自主选择所需材料，在移动木工操作台上按照图纸进行制作活动。

🏷 教育启示

我园"木创乐"课程以木工活动为载体，通过幼儿的操作、尝试、交流、感悟等，充分注重健康、语言、社会、科学、艺术各大领域的相互渗透和整合，促进幼儿德、智、体、美、劳各方面的协调发展。我园建设了一座户外的木工坊，在木工坊中可开展形式多样的特色木工活动。幼儿从中不仅能学习木工技能，同时还能得到综合发展。例如，测量拓展幼儿数学方面的知识；设计图纸提升幼儿的绘画和思维能力。

随着木工课程的开展，我园教师将木工活动搬到班级，将木工活动与班级区域活动相结合。但教师提出班级区域中存在动区与静区的互相干扰，所以根据需求，我们设计制作了一台可移动的多功能木工操作台。操作台适合中、大班幼儿进行操作：中班幼儿可以在操作台上进行技能练习，如简单地敲敲钉钉；大班幼儿可以在操作台上绘图、制作木制品等。不同年龄阶段的幼儿可以在移动木工操作台上面进行不同难度的操作。移动木工操作台不仅便于幼儿在上面进行各种木工活动，同时也可根据班级需求在室内外移动，不占空间。移动木工操作台里还可放置木工工具和材料等，避免工具外放带来安全隐患，同时也保护了工具，避免其生锈等。我们以我园的特色课程理念为出发点，多次反思木工活动中出现的问题，设计出了满足幼儿各种木工需求的操作台，真正实现了木工坊与班级活动相结合。

扫一扫，
看精彩视频

创作者：何玉婷、汪小琳、潘艳　作者单位：四川省成都市天府新区新兴幼儿园

有趣的旋转

材料准备

木板、电机、电池盒、开关、透明塑料薄板、胶枪、即时贴、剪刀、透明胶带、双面胶、胶皮垫、木塞、橡皮等。

制作方法

1. 木架的长、宽、高分别是 11.5 cm、7.2 cm、3 cm（图 22-1），圆形透明塑料薄板直径为 6.5 cm。

2. 依据开关、电机和电池盒的大小，在木板上画出它们的位置，然后挖空，并用胶枪将它们分别固定好。

3. 将开关和电机用电线连接好。（图 22-2）

4. 在剪好的圆形透明塑料薄板上分别贴上红、黄、蓝等颜色的即时贴。颜色、大小、比例可以由幼儿自己搭配。（图 22-3、图 22-4）

5. 用橡皮做 1 cm 高的圆柱，中间戳一个眼，再用彩色圆形胶皮垫做小花瓣，并粘绕在橡皮柱上，形成含苞待放的花朵。（图 22-5、图 22-6）

6. 用木塞做螺旋桨的轴，并在其中间戳一个眼。把胶皮垫剪成螺旋桨，用胶枪把

图 22-1 　　　图 22-2 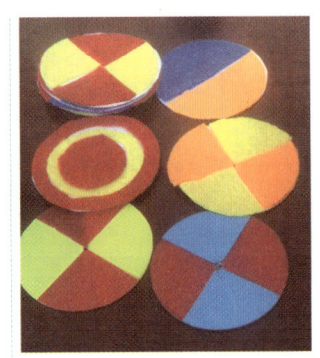　　　图 22-3

它粘在木塞中间，然后把木塞粘在电机轴中间。（图22-7、图22-8）

图22-4

图22-5

图22-6

图22-7

图22-8

● **玩具玩法**

颜色的变化：将自制的彩色圆形卡片分别套在电机轴上，打开开关就可以看到卡片旋转后颜色会发生变化。幼儿可以探索一种颜色、两种颜色、多种颜色的变化，非常神奇。（图22-9、图22-10）

图 22-9

图 22-10

离心力：用橡皮和胶皮垫做小花并插在电机轴上，打开开关就可以看到花朵瞬间开放。（图 22-11、图 22-12）

风力：用木塞和胶皮垫做螺旋桨，并套在电机轴上，打开开关就可以感受风力，还可以适当调整螺旋桨的大小及其和木塞之间的距离。（图 22-13、图 22-14）

"有趣的旋转"除了可以单人玩之外，还可以供幼儿分组比赛。例如，一个人负

图 22-11

图 22-12

图 22-13

图 22-14

责动手操作，另一个人依据同伴提示找出旋转材料，并递给同伴。大家记录实验结果，看哪一小组用时最短，正确的实验记录多者获胜。（图22-15、图22-16）

图22-15

图22-16

教育启示

"有趣的旋转"适合大班科学领域，适用范围比较广，可以用于教学验证、区角游戏。通过变换不同的辅助材料，幼儿可以学习电、离心力、色彩变化、风的形成等相关知识。这套玩教具结实耐用，是教师和幼儿非常喜欢的玩教具，极大地调动了幼儿学习的积极性。

通过玩"有趣的旋转"，幼儿可以观察双色卡片在旋转中的变化，并将观察结果记录在表格中，如红色加黄色变橙色、蓝色加黄色变绿色，等等。幼儿还可以感知卡片形状不同，旋转之后会有不同的变化，进而探索影响卡片旋转速度的因素，增强持续探索科学现象的兴趣。

扫一扫，
看精彩视频

创作者：王宁、高艺荣、王亚楠　作者单位：山东省青岛市市北区广和幼儿园

第五章 竹质类

"筷"乐城堡

材料准备

筷子、线、泡沫拼板、各色卡纸、图片、塑料盒、无纺布、胶水、钢锯、各色黏土、塑料小人等。

制作方法

用钢锯将筷子切割成不同长度的筷子段,并进行粘贴、组合。(图 23-1)

房子:将卡纸剪成扇形、长方形,并粘贴成圆锥体、圆柱体,再将筷子粘贴在卡纸上定型。(图 23-2)

竹吊桥:用绳子将筷子一根一根连起来,需要用两根绳子固定。(图 23-3)

火车:把卡纸剪成长方形,把同样高的筷子粘贴在卡纸上造型。(图 23-4)

水桶:把筷子粘贴在塑料盒上,再用橡皮筋固定。(图 23-5)

图 23-1

图 23-2

图 23-3

图 23-4

图 23-5

玩具玩法

（一）区域建构玩法

单个建构：幼儿可以只玩筷子，自由想象并进行建构，还可以给长短不一的筷子配对。（图 23-6）

组合建构：幼儿可以利用教师提供的半成品，将形状不同、大小不一的筷子进行组合，建构筷子城堡。（图 23-7）

图 23-6

（二）五大领域玩法

健康领域：幼儿可以锻炼大小肌肉群，在游戏的同时使身体也得到发展。（图 23-8）

语言领域：幼儿可以利用筷子城堡创设童话故事场景，表演故事。（图 23-9）

社会领域：幼儿参加筷子的建构活动，与同伴友好地协作，学会合作和分享，变得更加快乐、自信。（图 23-10）

科学领域：幼儿可以比较筷子的大小、长短、粗细、颜色，对它们进行排序，初步学习数学知识。（图 23-11）

艺术领域：幼儿可以用不同的筷子进行打击乐表演，感知筷子发出的不同声音。（图 23-12）

图 23-7

图 23-8

图 23-9

图 23-10

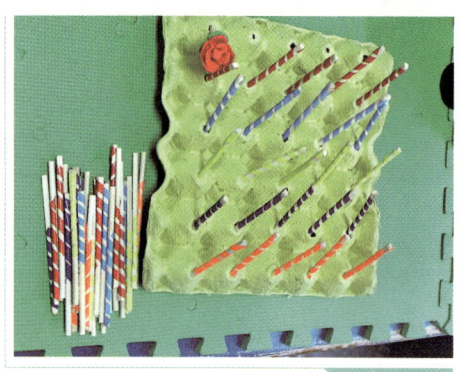

图 23-11

图 23-12

教育启示

游戏是发展幼儿智力的重要手段。我们应该尊重幼儿的学习方式，让幼儿成为学习的主导者，成为活动的主要参与者。"'筷'乐城堡"是一套开发幼儿创造性思维的结构类玩教具，来源于我们身边的常见材料。幼儿可通过拼插、摆放等认识物体的大小、高矮、形状、颜色、粗细等，进行多领域知识的学习。这套玩教具还可以融入幼儿园的五大领域中，供幼儿进行不同场景的搭建，自由地进行游戏活动，发展多方面能力。

筷子作为制作材料，能自由组合，建构出许多生活中的物体。在游戏实践中，筷子材料蕴含着无穷无尽的变化。我们在主题建构活动"'筷'乐城堡"中应充当好观察者，培养幼儿的合作能力、创新能力、动手能力、探索能力等，让幼儿充分动手、动脑，体会建构和创造的乐趣。

扫一扫，看精彩视频

创作者：刘静　作者单位：四川省成都市金堂县赵镇第二幼儿园

竹乐无穷

材料准备

益智类：投放贴有不同图案的竹片，以及不同颜色的竹棒、底板、皮筋等。

体育类：主要投放竹圈、竹筒、半边竹筒、珠子、水等。

艺术类：音乐类主要投放竹筒、竹片等；美术类主要投放竹节、竹筒、冰棒棍、颜料、扭扭棒等。

辅助材料：塑料积木、玉米粒、蘑菇钉、泡沫块等。（图24-1）

图24-1

制作方法

将竹筒切割成竹片，再把竹片切割成4 cm×4 cm、4 cm×6 cm、4 cm×12 cm三种规格。喷绘各种水果、汉字、数字、图形、动物、绘本封面、脸谱和物体影子图片。把喷绘的各种图片贴于竹片上：4 cm×4 cm的竹片贴数字、动物或圆点；4 cm×6 cm的竹片，有的正面贴物体影子，有的正面贴水果，反面贴汉字；4 cm×12 cm的竹片贴绘本封面。喷绘60 cm×80 cm、14 cm×18 cm的底板。把做筷子的原材料竹棒切割成长10 cm、15 cm、20 cm三种规格的短竹棒。给长短不同的竹棒涂上不同的颜色，如红黄、黄红黄、黄蓝等。将部分长竹筒切割成一节一节的短竹节，再将部分长竹筒分成两半。将一部分小竹筒去掉两头竹节，一部分保持原样。（图24-2）将一部分小竹筒去掉一头竹节，使小竹筒长短各不同，并在没有竹节的地方穿两个孔。用PVC管做一个悬挂竹筒的架子。（图24-3）

图 24-2

图 24-3

玩具玩法

（一）竹片玩法

竹片消消乐：将竹片打乱，平铺在 8 行 15 列的底板上。幼儿通过上下、左右互换或移动竹片（每次只能移一格），将相同图案移到一起。4 个相同图案连成一横排或一竖排就可移除。若幼儿操作成功将获得一个太阳图案，此图案可代替任何一个图案。（图 24-4）

竹片记大翻牌：①将贴有不同图案（每一组为 4 或 6 个不同图案，每个图案 2～3 个）的竹片随意打乱，平铺在 3 行 4 列的底板上。幼儿通过翻看记忆相同图案的位置，扣上后找出相同图案者获胜。（图 24-5）②拿 12 组相同图案，每组两个，分别铺在两块 3 行 4 列的底板上，两名幼儿各操作一块。幼儿通过翻看、记忆，找到跟对方竹片相同的图案。幼儿可根据年龄段和发展水平进行不同的游戏。例如，小班幼儿可以记忆数字、水果，中班幼儿可以记忆动物，大班幼儿可以记忆相同动物的不同神态。

图 24-4

图 24-5

数物对应：幼儿操作贴有数字和其他图案的竹片，找出相对应的竹片。例如，数字1对应1个点或1个苹果；数字2对应2个点或2只蝴蝶；数字3对应3棵树等。（图24-6）

找影子：幼儿取出有相应图案的竹片，将彩色图案和影子图案分别铺在桌子两边，根据彩色图案找出相应的影子。（图24-7）

多米诺竹牌：幼儿把竹片立在桌面上，摆出不同的造型，然后推倒第一块竹片，让后面的竹片依次跟着倒下。（图24-8）

竹片排排乐：幼儿领取排序任务卡，然后根据任务卡的要求进行不同的排序，如AB、ABB、AAB、ABC、ABCD。（图24-9）

竹片拼图：幼儿根据散落的拼图，进行完整图案的拼接。（图24-10）

制作快板：幼儿根据教师准备的竹片，按照步骤图进行快板的制作。制作完成后，

图24-6

图24-7

图24-8

图24-9

图24-10

播放音乐进行即兴表演。

（二）竹棒玩法

挑竹棒：幼儿用手抓一把竹棒并将其立在地面上，然后松开手让竹棒散落在地面上。幼儿观察竹棒的位置，选择要挑的竹棒，选择竹棒时不能碰到其他的竹棒。没有碰到可继续选择竹棒，碰到了则换下一位幼儿重新开始游戏。最后统计谁挑的竹棒最多。（图24-11）

捕"泥鳅"：幼儿取相应的数字捕"泥鳅"——竹棒数量对应比赛。例如，看到数字25，就要取出25根竹棒。（图24-12）

竹棒接龙：幼儿领取排序任务卡，然后根据任务卡的要求进行不同的排序，如AB、ABB、AAB、ABA、ABC、ABCD。（图24-13）

叠叠高：幼儿把竹棒往上叠高，比比谁的高。（图24-14）

比多少：两名或多名幼儿随意用手抓取竹棒，再进行数量点数和比多少。（图24-15）

夹夹乐：幼儿手执两根竹棒夹海绵棒、豆子、花生、石子等。（图24-16）

拼拼乐：幼儿自由选择竹棒，根据已有经验拼出各种图形。（图24-17）

图 24-14

图 24-15

图 24-16

图 24-17

（三）竹圈、竹筒玩法

套圈：在地面上零散地放一些玩具。幼儿手拿竹圈站在 1 m 线外，选择自己喜欢的玩具进行套圈游戏。（图 24-18）

竹筒乐：幼儿跟着音乐的节奏敲打竹筒，使竹筒发出悦耳的声音。（图 24-19）

图 24-18

图 24-19

传声筒：两名幼儿共同拿一根竹筒，分别站在竹筒的两边。一名幼儿对着竹筒说话，另一名幼儿听并说出对方说的是什么。（图 24-20）

合力运水：多名幼儿每人拿一块半边竹筒连接在一起，并排成一个有坡度的渠道。

一名幼儿从最高点倒水，其他幼儿合作进行运水游戏。（图24-21）

掷骰子：两名或多名幼儿各执一个竹筒、两个骰子，把骰子放在竹筒中倒扣在桌子上左右摇动，然后打开竹筒比较骰子点数的大小。（图24-22）

滚滚乐：将两根竹筒并排放于桌面上，然后在竹筒上放一块底板，再在底板上放上其他物品，利用竹筒会滚动的原理运输物品。（图24-23）

竹筒印画：幼儿拿竹筒醮颜料进行拓印，再进行添画。（图24-24）

立竹筒：多名幼儿同时把竹筒立于指腹上，看谁能保持竹筒不倒。（图24-25）

图 24-20

图 24-21

图 24-22

图 24-23

图 24-24

图 24-25

随着幼儿操作能力的提升，教师可以投放其他辅助材料，如扭扭棒、瓶盖、奶粉罐等，发展幼儿的平衡力、动作协调力等。

教育启示

《纲要》指出，幼儿园应充分利用当地资源，选择贴近幼儿生活的题材来开展教育活动。根据所处自然环境的优势，我们挖掘了竹子这一自然资源，结合其特性，通过切片、锻压、打磨等方法，把竹子切割成竹片、竹棒、竹筒和竹圈，制作了一套综合性强、本土气息浓郁、有趣的低结构材料，能够提高幼儿对本土资源、地方特色的学习兴趣。幼儿按自己的意愿活动，培养了爱家乡、爱环境、爱祖国的情感。

我们提供了丰富多样的竹制品材料，可供幼儿根据自己的年龄选择不同层次的材料进行操作。通过亲身体验、直接感知、实践操作，如做"竹片消消乐""叠叠高""套圈"等游戏，幼儿发展了排序、数物对应、点数等数学能力，以及空间能力、逻辑思维、社会交往能力。幼儿通过自主选择区域材料、同伴，与材料、环境、同伴互动，扩大了视野，丰富了知识，促进了主动性、独立性、创造性等的全面、和谐发展。

扫一扫，看精彩视频

创作者：甘晓梅、杨伏兰、刘梦琳、吴少娟、李玲玉

作者单位：江西省抚州市崇仁县幼儿园

第六章 其他类

听话的乒乓球

材料准备

大小不同的透明塑料瓶各1个（小瓶要能放入大瓶中）、乒乓球1个、小号气球1个、吸管1根、剪刀1把、热熔胶枪1个。（图25-1）

图 25-1

制作方法

用剪刀剪去小瓶瓶底和大瓶瓶口部分。用剪刀在小瓶瓶盖上钻孔，使小孔刚好能允许吸管穿过，然后插入一段长5 cm左右的吸管（盖外留3 cm），并使用热熔胶枪将吸管与瓶盖固定起来。（图25-2）

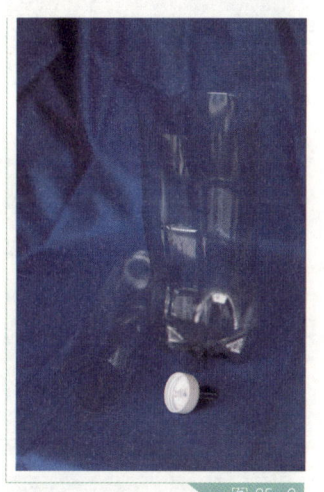

玩具玩法

这套玩教具操作性非常强。幼儿在快乐的游戏中，通过观察、操作、体验，培养探究科学的兴趣，感知空气的存在。这套玩教具对于小、中、大班幼儿而言皆适宜。小班幼儿可以操作第1~2个环节，中班幼儿可以操作第1~4个环节，大班幼儿则可以完成所有环节。教师可以适当按照幼儿年龄特点来增加难度、丰富活动。

图 25-2

1. 将乒乓球放入装有水（不要太满，以免水溢出）的大瓶中，让幼儿观察乒乓球位置的变化。将带有吸管的小瓶盖盖在小瓶上，然后将小瓶插入大瓶水中，并使乒乓球置于小瓶内。幼儿可以观察到乒乓球总是浮在水面上。（图25-3、图25-4）

2. 用嘴吹气，乒乓球下降，水中冒泡，感受到空气的存在。（图25-5、图25-6）

3. 用手指按住吸管，再将小瓶插入大瓶水中，并使乒乓球置于小瓶内。幼儿发现，用手指堵住吸管口时乒乓球下降，拿开手指后乒乓球上升到水面，并能听到气体从瓶中出来的声音。（图25-7、图25-8）

图 25-3　　图 25-4　　图 25-5

图 25-6　　图 25-7　　图 25-8

4. 用手指按住吸管，使乒乓球下降到底部后，交替放开和按住吸管，可控制乒乓球停留在水中的位置。这时幼儿可以感受到乒乓球很听话。（图25-9）

5. 在小瓶口套上气球，将小瓶插入大瓶水中，并使乒乓球置于小瓶内。幼儿可以观察到乒乓球下降，气球鼓起来。（图25-10、图25-11）

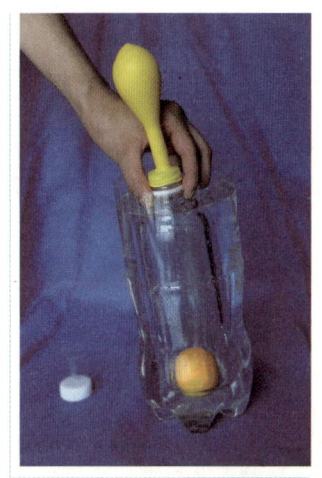

图25-9　　图25-10　　图25-11

教育启示

幼儿有着与生俱来的好奇心和探究欲望。《指南》指出："幼儿的学习是以直接经验为基础，在游戏和日常生活中进行的。"无论是直接经验还是间接经验，都不会凭空产生。直接经验产生于实践活动，间接经验源于直接经验，都需要通过相应的载体进行传播。游戏是幼儿获取直接经验的主要途径，幼儿的学习以游戏为起点。通过游戏，幼儿能与外界（自然、社会、他人等）互动，在互动的过程中形成对外界的初步、直接的认识，并以此为后续学习发展的基础。

幼儿科学教育应密切联系幼儿的实际生活进行，将幼儿身边的事物与现象作为科学探究的对象。我们利用日常生活中常见的材料，让幼儿通过控制乒乓球在瓶中的位置、瓶子"吹"气球等感受空气的存在，以及空气占据空间、水的浮力等知识。这激发了幼儿的探究兴趣，让幼儿体验了科学探究的过程。幼儿运用不同的探究方法，在发现问题、分析问题和解决问题的过程中发展了探究能力。

扫一扫，
看精彩视频

创作者：周丽梅　作者单位：云南省人民政府办公厅圆通幼儿园

电力四射

材料准备

柠檬、手摇发电机、小灯泡、小电风扇、彩灯、水泥钉、铜线、电池、万用表。

制作方法

设置一个家的模型,提供各种材料供幼儿探索。(图26-1)

图26-1

玩具玩法

这款科学类玩教具适合大班幼儿,并应在成人的看护下使用。

1. 幼儿探索用手摇发电机连接小灯泡,并探索用手摇发电机手柄带动线圈旋转。幼儿发现摇得快时灯泡的亮度高,摇得慢时灯泡的亮度低。(图26-2)

图26-2

2.幼儿探索用手摇发电机连接电风扇,并探索用手摇发电机手柄带动线圈旋转。幼儿发现摇得快时电风扇转得快,摇得慢时电风扇转得慢。(图26-3)

3.幼儿探索电池如何发电,尝试将电线连接起来,让灯亮起来。(图26-4)

4.幼儿探讨导电与不导电的物品。导电的物品会让彩灯亮起来,不导电的物品不能让彩灯亮起来。(图26-5)

5.幼儿探索水果发电,将铜线、水泥钉插入柠檬,并用万用表观察是否有电。(图26-6)

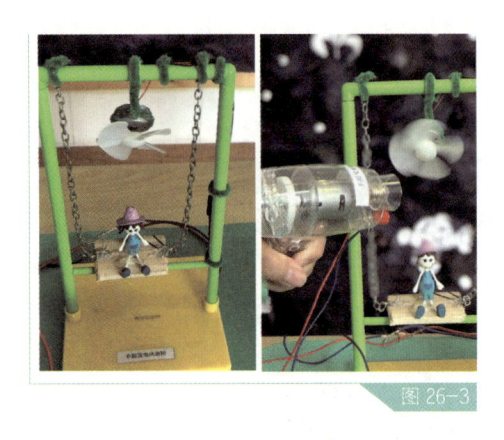

图26-3

图26-4

图26-5

图26-6

● 教育启示

电在我们日常生活中必不可少。有一天幼儿园突然停电了,这引起了幼儿的兴趣。大一班的幼儿提出了很多有趣的问题:电从哪里来?我们可以自己发电吗?电有什么作用？电危险吗？等等。

《指南》指出："幼儿科学学习的核心是激发探究兴趣，体验探究过程，发展初步的探究能力。"教师要充分利用自然和实际生活，引导幼儿通过观察、比较、操作、实验等方法，发现问题、分析问题和解决问题。我们根据幼儿的兴趣，结合《指南》的要求设计了这款关于"电"的玩教具，并与幼儿一起完成了这套"电力四射"自制玩教具。

这套玩教具有利于幼儿学会自主探索关于"电"的一部分问题，发现手摇发电的原理，探究、了解、区分导电物体与非导电物体。幼儿通过制作水果电池，了解水果发电的流程，探讨原始发电的方法，增加对自然科学的认知，增强对科学进行探索的欲望和兴趣。

扫一扫，
看精彩视频

创作者：陈东梅　作者单位：广东省广州市番禺区石碁镇宏德幼儿园

动力小船

材料准备

装水的"河道"、动力小船、舀水工具。

制作方法

1. 将泡沫板剪裁成小船形状。（图27-1）

2. 开孔插入吸管。（图27-2）

3. 在小船中间挖一个酸奶盒形状的洞。（图27-3）

4. 用胶枪固定酸奶盒。（图27-4）

5. 用即时贴装饰小船。（图27-5）

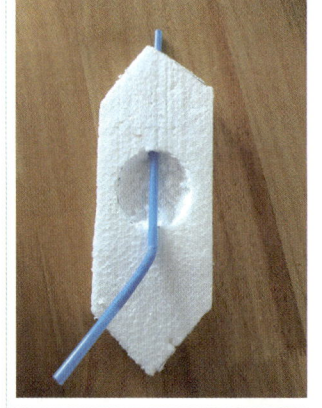

图27-1

图27-2

图27-3

图27-4

图27-5

玩具玩法

小班幼儿可以玩舀水游戏；中班幼儿可以进行开船比赛；大班幼儿可以进行小组合作自制小船活动，并探究船开动的科学原理，还可以找找还有哪些材料可以制成类似的小船，体验科学小游戏的趣味性。

（一）个人游戏

舀水游戏：用一个空盒把水舀到船身内，感受水排出时水流的大小。随着船身内的水位不断降低，水流逐渐变小。（图27-6）

开船游戏：将船放在水面上，用水将船身灌满，放手后船自动向前开，利用反冲原理不断前进。（图27-7）

自制小船：自主探索并制作一艘小船，在积极探索的过程中培养动手能力和操作能力。（图27-8）

风吹小船：尝试通过用嘴巴吹气推动小船前进，探索还可以用什么工具（如蒲扇）推动小船前进。（图27-9）

图27-6

图27-7

图27-8

图27-9

（二）分组游戏

开船比赛：两人或多人将小船放在起点上，待开始信号发出后，不断舀水到船身内，推动小船前进。谁的船先到达终点谁就获胜。（图 27-10）

一杯定胜负：幼儿把小船放在同一起点线上，只能加一次水。船自然停止前进后，谁的船最接近目标线，谁就获胜。这可以培养幼儿的控制水的能力和预估能力。（图 27-11）

小船接力赛：几人为一组，在船的前进路上接力舀水。哪组的船先到终点，哪组就获胜。（图 27-12）

合作制小船：小组商量着设计小船的基本形状，选用合适的材料，制作一艘利用反冲原理前进的小船。（图 27-13）

图 27-10

图 27-11

图 27-12

图 27-13

教育启示

爱玩水是幼儿的天性。有了船作为媒介,幼儿可以进行多种玩水游戏,探索水与船的关系。幼儿在游戏中感受船在水中的前进速度,通过实际观察和不断操作理解反冲原理。

幼儿在操作中提升了游戏的经验。不同年龄阶段的幼儿会有不一样的玩法。小班幼儿尤其喜欢舀着水倒来倒去,反复看水从船身上流下来。随着幼儿年龄的增长,游戏的难度不断增加,幼儿的探索意识也逐渐增强。大班幼儿分成小组制作小船。通过合作,幼儿静下心来探究船的结构和反冲原理,不仅增强了操作能力,也增强了探索意识和合作能力。中、大班幼儿尤其喜欢竞赛类的游戏。小小一艘船给幼儿带来了许多的活动乐趣,激发着幼儿在玩中学,在学中探索。

扫一扫,
看精彩视频

创作者:周君晓　作者单位:浙江省湖州市第一幼儿园

沙漠寻宝

材料准备

6个外表光滑、无棱角的塑料瓶，不同颜色的沙子，可以放进瓶子的、幼儿喜欢的玩具，A4纸大小的操作图片（每张图片的内容为每个瓶中放置的玩具）。

制作方法

1. 选用500 ml的透明、宽口、可供观察的塑料瓶，要求外表光滑、无棱角，大小适合幼儿拿握。（图28-1）

2. 准备彩沙。幼儿游戏时可根据需要随意装瓶，通过沙子的流动寻宝。（图28-2）

3. 将幼儿喜欢的不同色系、不同形状的玩具分别放入装彩沙的塑料瓶中。（图28-3）

4. 把玩具分别摆放到A4纸上，然后拍照并将照片塑封，再将照片制作成操作纸。（图28-4）

129 | 第六章 其他类

(1)　　　　　　　　　　(2)

(3)　　　　　　　　　　(4)

(5)　　　　　　　　　　(6)

图 28-3

图 28-4

玩具玩法

本作品对于小、中、大班幼儿而言皆适宜，同时适用于幼儿园五大领域的活动。幼儿可以进行单人游戏、多人游戏和合作游戏。

（一）找宝藏

益智区。幼儿拿起瓶子，通过旋转、摇晃等方法让瓶子中的玩具浮现出来。幼儿通过观察将玩具与图片中的物品相核对，看一看是哪个玩具，找到后在图片上做记号。（图28-5）

（二）猜猜我是谁

益智区。两名幼儿根据沙子漏出的一点点线索，猜一猜沙子里的玩具是图片中的哪一个，猜对的为胜利者。（图28-6）

图28-5

图28-6

（三）找一找

益智区。两名幼儿一起游戏，其中一名幼儿指定要找的玩具，另外一名幼儿在瓶中寻找。（图28-7）

（四）看谁找得快

益智区。两人或多人一起游戏，在同一时间内找相同材料的玩具，将所有玩具都找到的为胜利者。（图28-8）

图28-7

（五）分类游戏

益智区。教师将相同材料的玩具依次排列，供幼儿练习点数及按数取物。也可以将不同材料的玩具混合在一起，让幼儿按要求练习分类。（图28-9）

图 28-8

图 28-9

（六）你来比画我来猜

语言区。幼儿根据游戏的需要认识物品及其特征。两名幼儿把喜欢的玩具放在瓶中，其中一名幼儿根据摇晃后沙子显露的线索进行描述，另一名幼儿猜猜是什么玩具，看谁说得多而且正确。（图 28-10）

（七）好玩的颜色

美工区。幼儿可根据喜好自行调制彩沙，进行艺术创作。（图 28-11）

（八）颜色对对碰

美工区。幼儿根据沙子的颜色找到相同颜色的玩具，进行艺术创作。（图 28-12）

图 28-10

图 28-11

图 28-12

教育启示

幼儿喜欢在沙池里玩找宝藏的游戏，经常将一些自己喜欢的玩具藏在沙子里让其他幼儿找。开始时他们会藏一些大的玩具，后来觉得没有挑战性，就开始找一些小玩具来藏。但是室外的沙池有局限性，因此，我们设计了本作品以满足幼儿随时玩沙的需要。

本作品作为幼儿园集中教学活动的玩教具，可独立使用，也可以成套使用。教师可将本作品投放在幼儿园的益智区、语言区、美工区等活动区。幼儿可自由选择材料和沙瓶进行组合，发展动手能力、想象力、创造力、手眼协调能力和观察力。在益智区，幼儿可通过观察、动手操作感知不同的物体。在语言区，幼儿可以用彩沙和小玩具进行沙盘游戏，通过描述沙中的物体，发展语言表达能力等。在美工区，幼儿可通过玩沙了解不同物体的颜色等。彩沙和小玩具可根据幼儿的需要进行更换。本套玩教具可重复使用、变化玩法。

扫一扫，
看精彩视频

创作者：戈智伟、胡丽娜、于健娇　作者单位：吉林省长春市人民政府机关第二幼儿园

我和海绵玩游戏

- **材料准备**

    普通的洗碗海绵，长12cm，宽7.5cm，高3cm。（图29-1）

- **制作方法**

    以海绵为主要材料，开展手工、美工、建构、种植以及户外活动。相关材料和难易程度应符合小、中、大班幼儿的年龄特点。5种玩法所用材料如下所示。

    春天的蝴蝶：海绵、毛条、皮筋、铅笔、颜料。（图29-2）

    建构小游戏：海绵、剪刀。（图29-3）

    涂鸦乐：海绵、颜料、剪刀、画纸、装饰材料等。（图29-4）

    海绵与绿植：海绵、水、盒子、豆豆。（图29-5）

    "炸弹"球：海绵、剪刀、皮筋。（图29-6）

图 29-1

图 29-2

图 29-3

图 29-4

图 29-5

图 29-6

环境创设：把幼儿设计、制作的海绵作品布置在美术展示区和种植区，供幼儿互相欣赏与学习。

● 玩具玩法

教师可根据幼儿的兴趣、需要和能力，适当增加游戏的难度，丰富游戏材料，让游戏更具趣味性和挑战性，充分激发幼儿的积极性、主动性、想象力和创造力，不断增强幼儿的动手能力，发展幼儿的手眼协调能力。

（一）春天的蝴蝶（适合小班幼儿）

用皮筋扎紧海绵的中部，蝴蝶的造型即刻呈现。（图29-7）用毛条缠绕蝴蝶的中部并拧紧，蝴蝶的身体便做好了。将毛条弯成蝴蝶的触角，再用铅笔卷曲蝴蝶的触角，一只蝴蝶便做好了。接着，用颜料在海绵上绘蝴蝶的花纹，也可以用珠片、纽扣等装饰物装饰蝴蝶，给蝴蝶穿上一件漂亮的衣服。仅用几分钟的时间，一只美丽的蝴蝶就做好了。（图29-8、图29-9、图29-10）

图29-7

图29-8

图29-9

图29-10

（二）建构小游戏（适合中、大班幼儿）

用剪刀将海绵剪成各种不同的形状，如圆形、正方形、长条形、三角形、梯形等，建构材料就做好了（图29-11），然后用剪好的海绵开展建构游戏。（图29-12）

（三）涂鸦乐（适合小班幼儿）

用剪刀将海绵剪成各种不同的形状。用剪好的海绵蘸上不同颜色的颜料，进行涂鸦创意绘画活动。（图29-13）根据绘画内容，可以用画笔、装饰材料等进行添画、装饰，多形式表现涂鸦作品。让海绵和颜料来一次大碰撞，这会带给幼儿无限的乐趣。（图29-14）

图 29-11

图 29-12

图 29-13

图 29-14

（四）海绵与绿植（适合中、大班幼儿）

用剪刀在海绵上剪出小洞洞，尽量多剪一些，以便种更多的豆豆。（图29-15）把豆豆（绿豆、黄豆、黑豆等）塞进小洞洞里。（图29-16）把塞有豆豆的海绵放进盒子里并倒入水，浸湿海绵。（图29-17）盖上盒子的盖子，让海绵保持一定的湿度和温度，以加快豆豆发芽的速度。每天都要给海绵补水，保持水的新鲜度。（图29-18、图29-19）

图 29-15

图 29-16

图 29-17

图 29-18

图 29-19

(五)"炸弹"球(适合各年龄段幼儿)

用剪刀把海绵剪成长条状。8～10条海绵为一捆,用皮筋扎紧海绵条的中部,"炸弹"球就做好了。(图29-20)幼儿可以用"炸弹"球玩投掷、踢球、躲闪等体育游戏。(图29-21)

图29-20

图29-21

教育启示

环保教育是终身教育,我们应在幼儿一日生活中潜移默化地培养其环保意识。《纲要》指出,环境是重要的教育资源,幼儿的发展是与周围环境主动积极地相互作用的结果。因此,我们可以从废旧物品、生活用品开始,以幼儿的年龄特点为依据,充分利用身边特有的资源和条件,有计划、有目标地引导幼儿变废为宝,在游戏活动中体验用废旧物品开展游戏的乐趣,从而充分体现废旧物品的价值。从幼儿的生活经验出发,从幼儿常见的、熟悉的、接触最多的废旧物品入手,将变废为宝作为环保教育的内容之一,既符合时代发展的要求,又贴近幼儿的生活实际,为他们一生的环保意识和行为打下良好的基础。"我和海绵玩游戏",让幼儿充分体验活动的乐趣,从而对收集废旧材料产生浓厚的兴趣,真正从幼儿的意识和行为上保障环保教育的成效;发挥幼儿的想象力和创造力,引导、鼓励幼儿设计出更多有趣的玩法,充分发挥海绵的价值,为幼儿的游戏活动增添更多的乐趣。

在"劳动最光荣"主题活动中,幼儿除了在园内进行自我服务和为他人服务之外,回到家还可以帮助父母做力所能及的事情。从幼儿的分享活动中我们了解到,洗碗成了幼儿非常乐意做的事情之一。为了满足幼儿的好奇心以及不断激发幼儿劳动的积极性，我们以洗碗海绵为切入点，利用微课的形式，设计了适合各年龄段幼儿的、可操作的综合活动。我们将海绵稍加改造，设计出多种适合幼儿操作和参与的游戏，让普普通通的海绵成为幼儿爱不释手的玩具。

扫一扫，
看精彩视频

创作者：任晓晔　作者单位：广东省广州市人民政府机关幼儿园

小岗探秘——数学乐园

材料准备

与幼儿一起收集玉米芯和各种种子,并准备竹筛、蓝花布。

制作方法

在区域活动中对玉米芯进行涂色、分类,师幼共同创设有层次的数学类游戏。(图30-1)

图 30-1

玩具玩法

"小岗探秘——数学乐园"中有着不同的游戏。

(一)小岗农家站

站内时钟:两名幼儿一起游戏。一名幼儿说整点或半点列车进站或出站,另一名幼儿将时钟拨到相应的时间,并说一说这个时间自己在干什么。(图30-2)

停车场:教师设计4位数的车牌,如1234、2431等,再设计4个停车场。幼儿需要分别把开头数字不同的4辆车停进4个停车场。(图30-3)

小动物坐车:这里有两辆车,第一辆为单层客车,第二辆为双层客车。有的小动物背面只有一个数字,幼儿可根据该数字将其放在单层客车相应的座位上。有的小动

物背面有两个数字，上面的数字代表层数，下面的数字代表排数，幼儿可据此为小动物在双层客车里找座位。（图30-4）

休闲吧：幼儿可用玉米芯进行拼图游戏。（图30-5）

图 30-2

图 30-3

图 30-4

图 30-5

（二）玉米芯找朋友

两人以掷骰子的点数大小决定操作顺序。点数大的幼儿从棋盘上找到可以配对的一组玉米芯，点数小的停玩一次。待棋盘上的所有玉米芯都配对完后，幼儿点数各自的配对数量，多的人获胜。（图30-6）

图 30-6

（三）好玩的计算器

幼儿把一定数量的彩色玉米芯分别套在相邻的两根竹筷上，进行10以内的分解组合游戏，并进行记录。（图30-7）

（四）滚滚乐

幼儿把不同形状的种子放在竹筛上，然后倾斜竹筛，观察哪种形状种子的滚动速度最快，并能够以自己的方式进行记录。（图30-8）

（五）有趣的测量

在同一容器内放不同种类的物品，并进行点数，发现大的物品可放的数量少，小的物品可放的数量多，然后记录在观察表上。（图30-9）

每种游戏都有不同的层次，可根据能力的强弱进行改变。

图30-7

图30-8

图30-9

教育启示

"小岗探秘——数学乐园"是启发幼儿思考的趣味性游戏,能促进大班幼儿观察、比较、分析、推理、判断等能力的发展。幼儿通过对材料的摆弄、摸索,共同对玉米芯进行涂色、粘贴,并给种子分类……于是就呈现了这个关于种子的游戏——"小岗探秘——数学乐园"。幼儿可以在"小岗探秘——数学乐园"游戏中自主选择情境、同伴、材料,自定玩法,最大限度地发挥主体能动性。且每种材料和玩法都不固定,使游戏的层次性更为明显,给予幼儿更大的发展空间,使能力不同的幼儿都能够体验到成功的乐趣。

益智游戏是幼儿百玩不厌的游戏之一,能发展幼儿的思维。他们通过对各种种子的操作,探索了序数、排序、分解组合、量的多少等数学知识,发展了观察力,提高了思维的灵活性。他们还在游戏中养成了遵守时间、珍惜时间的习惯。"小岗探秘——数学乐园"以幼儿为主体,大大吸引了幼儿的兴趣,给幼儿带来了乐趣,充分体现了一物多玩的特点。

扫一扫,看精彩视频

创作者:俞静、沈立梅、金洁 作者单位:安徽省凤阳县示范幼儿园